Alexander Witeschnik:

Dort wird champagnisiert

Anekdoten und Geschichten
zur Geschichte der Operette

Deutscher
Taschenbuch
Verlag

dtv

Von Alexander Witeschnik
sind im Deutschen Taschenbuch Verlag erschienen:
Musizieren geht übers Probieren (622)
Warten aufs hohe C (1232; auch als dtv großdruck 2504)

Im Text ungekürzte Ausgabe
Februar 1980
Deutscher Taschenbuch Verlag GmbH & Co. KG,
München

Umschlaggestaltung: Celestino Piatti
Gesamtherstellung: C.H. Beck'sche Buchdruckerei,
Nördlingen
Printed in Germany · ISBN 3-423-01516-0

Das Buch

»Von den einen verteufelt, verhätschelt von den anderen – so tänzelt die Dame Operette seit mehr als einem Jahrhundert durch die Zeiten, besonders lebensfroh meist dann, wenn sie soeben wieder einmal totgesagt worden war. In Anekdoten und Geschichten erzählt der Autor ihre wechselvolle Geschichte ... Von Jacques Offenbach über Johann Strauß und Franz Lehár bis zu Robert Stolz reicht die Kette amüsanter Histörchen, die, wie man weiß, oft gewichtiger und aufschlußreicher sind als manche gelehrte Abhandlung. So wird die Lektüre zum Vergnügen ebenso für den Kenner wie für den lachbereiten Laien ...« (Berliner Morgenpost) Von der überaus großen Höflichkeit Paul Abrahams etwa erfährt der Leser, über die ein Landsmann von ihm sagte: »Paul Abraham ist derart höflich, daß er in größte Verlegenheit kommt, wenn er allein aus einem Zimmer gehen muß. Er weiß dann nicht, wem er bei der Türe den Vortritt lassen soll.« Von der Vorliebe der Marie Geistinger für kostbare Roben ist die Rede, die eine Zeitung zu der Meldung veranlaßte: »Fräulein Geistinger soll aus Paris eine prachtvolle Toilette erhalten haben und beabsichtigt, sich dazu ein Stück schreiben zu lassen.« Köstlich aber auch die Geschichten von der schlagfertigen zweiten großen Operettendiva Wiens, Pepi Gallmeyer, die den Antrag eines Architekten, ihr den Hof zu machen, mit den Worten beschied: »Aber gehn S', zu was denn an Hof? Machen S' ma lieber a Ringstraßen-Palais!«

Der Autor

Alexander Witeschnik entstammt einer alten Wiener Musikerfamilie, studierte Germanistik und Musikwissenschaft und promovierte 1933 über ein Opernthema. Als Musikwissenschaftler und -schriftsteller trat Witeschnik mit grundlegenden Büchern über das Wesen der Geschichte der Wiener Musik und mit Reiseberichten hervor. 1958 wurde er zum Professor h.c. ernannt, 1964 mit dem österreichischen Ehrenkreuz für Wissenschaft und Kunst ausgezeichnet.

Inhalt

Ein Ding von zweifelhaftem Ruf
Vorwort

»Jeder Hymnus auf die Operette muß heute ein Nekrolog sein«, schrieb unlängst ein österreichischer Kritiker. Fast zur gleichen Zeit erschien eine Statistik des Deutschen Bühnenvereins, aus der hervorgeht, daß die ›Lustige Witwe‹ und die ›Fledermaus‹ zusammen mit der ›Zauberflöte‹, der ›Hochzeit des Figaro‹ und ›My Fair Lady‹ nach wie vor die absoluten Spitzenreiter auf den deutschsprachigen Bühnen sind. Das erinnerte mich an jenen Brief, den Englands klassischer Operettenlibrettist Sir William Gilbert schrieb, als ein Londoner Abendblatt seinen Tod meldete: »In Ihrer gestrigen Ausgabe finde ich eine Mitteilung, die in manch einem trefflichen Heim helles Entzücken erregt haben muß. Es tut mir leid, ein Spielverderber zu sein, doch meine Wahrheitsliebe zwingt mich, wenn auch zögernd, zuzugeben, daß ich immer noch am Leben bin.«

Wer oder was aber ist sie nun eigentlich, diese zwischen Hymnus und Nekrolog hin und her geschobene fragwürdige Gattung? Ein Stiefkind der Kulturgeschichte, ein Wechselbalg der Musen, ein ästhetischer Zwitter? Die Definition macht Mühe. Nicht mehr Sprechtheater und noch nicht Oper, noch nicht die Bretter, die die Welt (und ihren Sinn) bedeuten, und doch nicht mehr Brettl. Immer wieder angezweifelt in ihrer Lebensberechtigung, verteufelt als Bordellmusik, gedankenlose Illusionsmaschine, als Hort der Stupidität, als Kitschwelt aus bemalter Pappe, und doch nicht umzubringen noch zu vertreiben aus dem Paradies der Publikumsgunst. Kein Zögling von Schillers »moralischer Anstalt«, Halbwelt in der Welt des großen Theaters, aber ein Phänomen von überwältigender Vitalität.

Nehmt alles in allem: ein lachendes Paradoxon, ein fröhlicher Protest gegen die Veralltäglichung des Erhabenen und das Übergewicht des Tragischen, eine permanente Revolution gegen das Establishment der ›hohen‹ Gattung, von der sie, die ›niedere‹ Gattung, lebt. Und so lebt sie weiter: als notwendiges »leichtes« Gegengewicht gegen die Schwere der ernsten Muse des Musiktheaters. Häufiger als jede andere

Theaterform »endgültig« eingesargt und begraben, feiert die Leichtgeschürzte immer wieder fröhliche Auferstehung und triumphiert über alle ästhetischen und moralischen Bedenken.

»Man soll die Operette erwürgen wie ein schädliches Tier«, grollte Émile Zola, sie leiste dem Laster Vorschub, umgebe die Dummheit mit einem Glorienschein und lenke das Publikum verbrecherischerweise von ernsten Dingen ab. Und er war da eines Sinnes mit jenem sächsischen Stadtvater, der noch 1907 die Operette in Gestalt der ›Lustigen Witwe‹ wegen ihrer ›Anstößigkeit‹ auf keiner ›anständigen‹ Bühne sehen wollte. Zolas Landsmann Camille Saint-Saëns nannte die zweifelhafte Gattung eine auf Abwege geratene Tochter der Oper, wobei er freilich schon galant hinzufügte: »Nicht daß auf Abwege geratene Töchter weniger charmant sind!« Und Bernard Grun, der kluge Biograph der Operette, fügt hinzu: »Dieser Charme der guten alten Operette wird stets einzigartig und unwiderstehlich bleiben. Die Welt, die ihm widerstehen könnte, wäre eine wahrhaft freudlose, wahrhaft bejammernswerte Welt!«

Bernard Grun hat Mut. Denn wer gesteht schon – heutzutage – gern und lauthals, daß er die Operette liebt, da man damit doch nur das Odium der hoffnungslosen Zurückgebliebenheit, Vorgestrigkeit, ja Verkalktheit auf sich zu nehmen Gefahr läuft. Und dieses Odium fürchtet der Zeitgenosse eines fortschrittlichen, tabufreien Jahrhunderts mehr als den Teufel oder einen moralischen Defekt. Nein, die Operette liebt man insgeheim, wie die Sünde, die ein heiteres Gemüt einmal mit dem Käse verglichen hat: Man liebt ihn, aber man deckt ihn zu. Nur ein reiner Tor und Dichter wie Reinhold Schneider durfte die naive Frage stellen: »Warum soll ich nicht gestehen, daß die Operette mein Trost ist?« Er hat ja auch über eine Wiener ›Bettelstudent‹-Aufführung die schwärmerischen Worte geschrieben: »Ein melodisches Gleichnis befreit für ein paar Stunden von der Verdammnis der Geschichte. Natürlich bleiben die Schmerzen da, aber in ihrer liebenswerten Gestalt!« Und er hat damit poetisch gesagt, was der Ironiker Otto Schneidereit so ausdrückt: »Die Operetten zeigen, wie die Weltgeschichte abgelaufen wäre, wäre sie eine Operette. Manchmal war sie eine ...«

Literatur über das Phänomen Operette ist rar. Ästheten,

Literaten, Musikologen und andere seriöse Herrschaften pflegen der odiosen Gattung aus dem Wege zu gehen. Und wo sie es nicht tun, dort klaffen die Ansichten weit auseinander. Daß die Operette eine Welt als gegeben nimmt, in der der Unsinn sich von selbst versteht und nie die Reaktion der Vernunft herausfordert, hat schon Karl Kraus erkannt, der deshalb die Forderung, daß die Operette vor der Vernunft bestehe (schlag nach bei Lehár!), die »Urheberin des reinsten Operettenblödsinns“ nannte. Sir William Gilbert hat diese Ansicht schon vorher indirekt bestätigt. Als ein Gast seines fashionablen Landsitzes respektvoll meinte, er müsse doch stolz darauf sein, dies alles mit seinem Verstand erworben zu haben, erwiderte er: »Mitnichten! Das beweist nur, wie närrisch das Publikum ist!«

Egon Friedell hat – unfreundlicherweise – das Chaos als das Element der Operette bezeichnet, was man den heutigen Regisseuren unbedingt verheimlichen sollte. Bert Brecht, der Vielberufene, schlägt sich eindeutig auf die Seite der Operette, wenn er feststellt, daß das Theater ein Unternehmen sei, das ›Abendunterhaltung verkauft‹. Und er findet sich durchaus einig mit einem der erfolgreichsten Theatermänner der goldenen Ära, Franz Jauner, der dekretiert: »Jedes Genre ist erlaubt, nur nicht das langweilige!«

Was Jauner recht war, durfte mir billig sein. Also habe ich versucht, mich an seine Maxime zu halten. Mit tierischem Ernst ist der Sache nicht beizukommen; indem man die »Leichtgeschürzte« von der heiteren Seite nimmt, gelangt man wohl ihrem Wesen am nächsten.

Das Ergebnis empfiehlt sich der Gunst des geneigten Publikums: die Geschichte der Operette in Geschichten und Anekdoten ... von ihren zweifelhaften Anfängen bis zu ihrem immer wieder frischfröhlich exekutierten »Begräbnis erster Klasse« ... von ihren Anfängen in den Pariser »Bouffes« über die goldene und silberne bis zur »blechernen« Ära und zur Renaissance der klassischen Gattung auf den Festspiel- und anderen Bühnen von heute ... mit ihren Komponisten von Offenbach bis Robert Stolz, ihren Librettisten, Dirigenten, Regisseuren, Direktoren, besonders aber ihren gefeierten und bejubelten Stars, von den ersten »Offenbachantinnen« über Girardi bis Hubert Marischka, Hans Moser und »Juppi« Heesters ... Bleibt zu hoffen, daß in den Anekdoten dieses Bandes auch etwas von dem Flair, dem Geist und dem Lebensgefühl des Operettenzeitalters, das nicht viel älter ist als ein Jahrhundert, lebendig wird.

Die vorhandene dürftige Literatur von Blanka Glossy bis Bernard Grun habe ich nicht ungebührlicher strapaziert als branchenüblich; ich habe mich aber darüber hinaus vor allem wieder ans Lebendige gehalten und alle mir erreichbaren aktiven Persönlichkeiten der Operette angepeilt und – zum Teil mit bestem Erfolg – zu Mitverfassern gepreßt. Dabei gab es Überraschungen: Die »Fundgruben« fanden sich überall dort, wo man sie nicht vermutete – und umgekehrt ... Sie alle, die liebenswerten Helfer (ihre Namen sollt ihr nie erfahren!), habe ich dafür in mindestens einer Anekdote »verewigt«. Das ist der probate Dank des Verfassers – nach dem famosen Girardi-Wort: »Noble Leute geben wenig, aber dafür selten.«

Daß die Wiener Operette im Mittelpunkt der Betrachtung steht, liegt in der Natur der Sache und am Entstehungsort dieses Buches. Daß es ein Musical gibt, ist mir bekannt. Es wurde bewußt ausgeklammert, obgleich es reizvoll gewesen wäre, seine Verwandtschaft zur Operette (den optimistischen Grundzug!) und seine Gegensätzlichkeit zu ihr (den realistischen Grundzug!) anekdotisch aufzuzeigen. Freunde der Operette werden es mir nicht verübeln, und ihren Gegnern geschieht recht, wenn sie dieses Buch in die Hand nehmen.

Bleibt mir zuletzt nochmals zu danken: den Lesern, die meine beiden vorangegangenen Anekdotenbücher über die Wiener Philharmoniker und über die Oper so überaus wohlwollend aufgenommen haben – und dem Paul Neff Verlag mit seinem Leiter Karl Andreas Edlinger, dem unerschrokkenen Geburtshelfer auch dieses dubiosen Buchkindes. Ich weiß mich mit ihm eines Sinnes, wenn ich dem neuen Anekdotensprößling als Taufspruch ein Wort von Nestroy in die Wiege lege, das ob seiner Offenherzigkeit besticht: »Lachen sollen d'Leut über meine Sachen, g'fallen sollen s' ihnen – und mir was tragen!«

Wien, im März 1971 *A. W.*

Kapitel I
Le Père
Jacques Offenbach zwischen Paris und Wien

»Sie könnte Tote erwecken, diese Musik!«
Francisque Sarcey
über Offenbachs ›Orpheus‹

Herkunft und Anfang der Operette sind genauso dubios wie die ganze Kunstgattung. Die Bezeichnung, französischen Ursprungs, stammt aus dem 17. Jahrhundert und führt irre: denn die Operette ist gar kein »Operchen«, sie ist etwas ganz anderes ... Als man den Namen erfand, gab es noch gar keine Operette, und als man die erste Operette gab, war sie längst schon da.

Als Begriff umschließt sie das »heitere Genre mit Musik« vom antiken Satyrspiel über die Opera buffa, das Vaudeville und die Ballad-Opera bis zum Singspiel und zur Wiener Posse ... und bildet in ihrer dreiaktigen Bühnenform – dem Ergebnis einer langen Entwicklung – schließlich eine Mixtur, eine fröhliche Mesalliance von allem ...

Offenbach, der »Vater der Operette«, hat überhaupt keine Operetten geschrieben. Er schuf »Musiquettes«, er schuf »Opéras bouffes«, er schuf »Farces«, er schuf »Offenbachiaden« ... Erst auf dem Umweg über Wien wurden sie zu »Operetten«.

Die erste Offenbach-Premiere in Wien war ein Plagiat. Johann Nestroy, damals Direktor des Carl-Theaters, ließ sich aus Paris den Klavierauszug zur ›Verlobung bei der Laterne‹ bringen. Sein vielseitig versierter Kollege und Mitarbeiter Carl Treumann übersetzte das Buch, der Hauskapellmeister Karl Binder besorgte die Instrumentation. In dieser »Fassung« kam das Werk in Treumanns Regie am 16. Oktober 1859 auf die Bretter. Offenbach wurde nicht einmal gefragt ...

Er nahm es nicht übel. Im Gegenteil: er wartete noch das

zweite Plagiat ab, die Wiener Premiere von ›Orpheus in der Unterwelt‹, die auf die gleiche Weise zustande kam, am 17. März 1860 in Szene ging und Wien in den ersten Offenbach-Taumel stürzte ...Dann kam er selbst an die Donau, ließ sich bejubeln, dirigierte höchstpersönlich seinen plagiierten ›Orpheus‹, siegte auf allen Linien und zeigte sich hingerissen von den Wiener Darstellern, die er am liebsten nach Paris mitgenommen hätte: Nestroy, Knaack, Blasel und die Grobecker.

»Magnifique!« konstatierte er schwärmerisch. »Hier spielt man meine Musik, die Tenöre von Paris brüllen sie nur.«

Bei den Wiener Bearbeitungen Offenbachscher Stücke durften die üblichen beliebten »Einlagen« nicht fehlen. Probater Verfertiger solcher meist aktueller Einschiebsel war der Theaterkapellmeister Johann Brandl, der auf diesem Gebiet eine kaninchenhafte Fruchtbarkeit entfaltete. Als Offenbach das zweite Mal nach Wien kam, um wieder seinen ›Orpheus‹ zu dirigieren, stieß er gleich in den ersten Szenen auf Brandlsche Ergüsse. Nach der fünften Einlage nahm er resigniert den Zwicker von der Nase und stellte melancholisch fest: »Wenn ich heute abend im Hotel Lamm meine Stiefel vor die Tür stelle, finde ich morgen früh bestimmt Einlagen von Brandl darinnen.«

Johann Nestroy selbst kreierte in Wien die Rolle des Jupiter und setzte damit unmittelbar die Linie des Wiener Urhanswurstes Anton Stranitzky fort, über den sich schon 1716 die puritanische Lady Montague halb totlachte, als sie im Kärntnertortheater einen ›Amphitryon‹ sah, bei dem der verliebte Jupiter durch ein Guckloch in den Wolken die schöne Alkmene erspähte und daraufhin den gehörnten Amphitryon nicht nur um sein Weib, sondern auch noch um sein halbes Vermögen prellte, wobei »die beiden Sosiasse« – wie die schockierte Lady berichtet – »direkt den Logen gegenüber, in denen Leute von höchstem Rang saßen, gar zierlich, ganz öffentlich die Hosen herunterließen«. Diese aber schienen – laut Lady Montague – »von der Unterhaltung sehr befriedigt und versicherten mir, dies sei ein berühmtes Stück«.

Anzügliche Szenen gab es auch in Offenbachs ›Orpheus‹,

aber die Wiener Behörden von 1860 waren nicht so großzügig wie einst die höchsten Herrschaften in der barocken Kaiserstadt. Als die Zensurbeamten im Textbuch die Ansprache Jupiters lasen: »Diana, meine Tochter, dein Kleid fängt erst bei den Schultern an, und ohne Halbmond auf dem Kopf würde man dich für eine Göttin der Halbwelt halten. Häng dir einen Schal um!«, bekamen sie die Gänsehaut und strichen die Stelle.

»Die Operette ist ein öffentliches Übel. Man soll sie erwürgen wie ein schädliches Tier!« wetterte Émile Zola in Paris. Aber das war ein Mißverständnis mit politischem Hintergrund und hatte für Wien und die klassische Operette überhaupt keine Geltung. Direktor Ascher vom Wiener Carl-Theater, der in Zolas Horn stieß (»Die Operette muß ausgerottet werden!«), wurde rasch zum Konvertiten, als sich erwies, daß das neue Musenkind ein blendendes Geschäft war.

Offenbachs erste Anstellung am Theater war eine Cellistenstelle in der Pariser Opéra comique. Hier vertrieb er sich die Langeweile des Orchesterdienstes damit, daß er und sein Pultnachbar Seligmann ihren Part Note für Note abwechselnd spielten. Als der Dirigent dahinterkam –und das mußte ja einmal passieren –, gab es für beide eine empfindliche Geldstrafe. Daraufhin schnürten sie den Riemen enger, zogen in eine gemeinsame Dachkammer und lebten wochenlang von Pommes frites. Die gepumpten Erdäpfel trugen sie vom Markt im leeren Cellokasten heim.

Auf die Publicity verstand sich Offenbach frühzeitig. Die Pariser Presse brachte schon 1837 die Meldung, daß Jacques »regelmäßig drei Walzer vor dem Frühstück, eine Mazurka nach dem Mittagessen und vier Galoppe zwischen den beiden Mahlzeiten« aufs Papier zu werfen pflege, und sie notierte weiter: »Dieses junge Wunder bittet uns um die Mitteilung, daß ihm ein Taschentuch abhanden gekommen ist, auf dem er die Melodie eines neuen Walzers gekritzelt hat. Eine hohe Belohnung für den ehrlichen Finder ...«

1855 eröffnete Offenbach seine Bouffes Parisiens, die als die Wiege der Operette gelten. Über diese »Bonbonniere« von einem Theaterchen schrieb der neugebackene Direktor an einen Freund: »Du kannst Dir denken, daß an meinem kleinen Theater, wo das Publikum so dicht an der Bühne sitzt, die Frauen hübscher sein müssen als überall sonst.« Die Zulassungsurkunde besagte, daß er zwar »Physikalische Scherze, Zauberkunststücke und Trugbilder« in unbeschränktem Ausmaß, Komödien und Musikstücke jedoch nur »in einem Akt« und »mit höchstens drei Personen«, aus denen später vier wurden, darbieten durfte. Offenbach schmunzelte und stellte in seinem ›Croquefer‹ fünf Personen auf die Bretter: die fünfte war stumm. Die Sarazenen hatten dem Mann die Zunge ausgerissen. Jedesmal wenn er etwas gefragt wurde, zauberte er ein riesiges Spruchband aus der Tasche, das die Antwort enthielt. Das Publikum lachte und johlte. Und die Pariser Behörden taten das Beste, was sie tun konnten ... sie lachten mit.

Nicht nur die Pariser Grisetten mit ihren Galans fanden sich in Offenbachs Theaterchen ein, sondern auch die gute, ja die beste Gesellschaft: Alexandre Dumas der Ältere, der ›Die drei Musketiere‹ und den ›Grafen von Monte Christo‹ geschrieben hatte, Giacomo Meyerbeer, der Operngott von Paris, Gioacchino Rossini, der in Paris Pasteten kochte und Offenbach taxfrei den Titel »Mozart der Champs-Elysées« verlieh, William Thackeray, der berühmte englische Romancier, und ein russischer Großgrundbesitzer und Schriftsteller, der in seinem Tagebuch notierte: »Das Ganze ist echt französisch; eine so ursprüngliche Komik, daß ihr alles erlaubt ist.« Der Russe hieß Leo Tolstoi.

Als Geburtstag der Operette gilt der 21. Oktober 1858. An ihm fand die Premiere des ersten abendfüllenden dreiaktigen Werkes von Offenbach statt: ›Orpheus in der Unterwelt‹. Der Erfolg war mäßig. Verzweifelt bastelten die Autoren an dem Stück herum, um es attraktiver zu machen. Da kam ihnen der Kritikerpapst von Paris, Jules Janin, zu Hilfe. In seinem Blatt nahm er mit höchster moralischer Entrüstung die Götter und Helden der Antike gegen die schamlose Verspottung Offenbachs in Schutz. Als Jacques die Kritik gelesen hatte, brach er in ein homerisches Gelächter aus. Anderntags enthüllte der ›Figaro‹ den grotesken Sachverhalt:

»Der Text des ›Orpheus‹ enthält eine Tirade«, so hieß es dort, »mit der Pluto bei seinem Einzug in den Olymp allabendlich das Publikum aufs neue erheitert. Mit den einfältigen und naiven Sätzen, die alles übertreffen, was dieses Stück an komischen Knalleffekten bietet, hat es folgende Bewandtnis: Sie wurden wortwörtlich einem Artikel von Monsieur Jules Janin entnommen, der am 10. Mai 1858 in den ›Débats‹ erschienen ist.«

Jetzt lachte ganz Paris. Die Enthüllung entfachte eine Pressefehde, die für Offenbach Goldes wert war. Die Kassen der Bouffes Parisiens wurden gestürmt. 228mal fegte der ›Orpheus‹ über die Bühne. Dann konnten die Sänger nicht mehr. Das Team mußte ausgewechselt werden.

Nach der 200. Aufführung gab Offenbach ein festliches Souper, zu dem alle Darsteller geladen waren. Die Einladung lautete:

»Mein seliger Großvater hatte die großartige Idee, Ihren Großvater zu einer kleinen Feier anläßlich der 100. Aufführung des ›Orpheus‹ zu bitten. Um das Andenken beider zu ehren, halte ich es für meine Pflicht, Sie gleichfalls zu einem Souper anläßlich der 200. Aufführung einzuladen, in der festen Hoffnung, daß Ihre Urenkel es nicht versäumen werden, die 300. zu feiern.

Jacques Offenbach«

Die Rolle des Styx, die später in Wien von Knaack kreiert wurde, sang der Komiker Bache. An ihn richtete Offenbach ein persönliches Schreiben, in dem er seine Bewunderung ausdrückte:

»Zum Dank dafür stelle ich Ihnen eine, allerdings harte Bedingung, der Sie aber hoffentlich aus Achtung für Ihren Direktor nachkommen werden. Ab Ersten dieses Monats verdopple ich Ihre Gage für das ganze Jahr. Glauben Sie mir, mein lieber Bache, daß ich damit nur ein Ziel im Auge habe: dafür zu sorgen, daß es einen Undankbaren mehr in der Welt gibt.«

Am Tag vor der 228. Aufführung siegte Napoleon III. bei Magenta über die Österreicher. Auf der Place Vendôme paradierten die heimkehrenden Truppen zu den Klängen von Offenbachs ›Orpheus‹-Musik. Der Hof bestellte eine Galavorstellung im Théâtre des Italiens; man spielte – auf Wunsch des Monarchen – ›Orpheus in der Unterwelt‹. Nach der Aufführung erhielt Offenbach eine Bronzestatuette des Kaisers mit der Aufschrift: »L'Empereur à Jacques Offenbach.«

Zehn Jahre später hatte sich das Blatt gewendet. Frankreich wurde bei Sedan geschlagen, Offenbach zum »Preußen« und zum bezahlten Spion Bismarcks erklärt, dessen Musik die Wehrkraft der »Grande Nation« aufgeweicht habe. Bei der Siegesfeier in Berlin aber spielte man Marschpotpourris aus Offenbachs ›Pariser Leben‹ ...

In dieser tristen Zeit hängte sich der Vereinsamte sein eigenes Foto über den Schreibtisch mit der Widmung:

»Seinem besten Freunde!

Jacques Offenbach«

Die erste Pariser Offenbach-Premiere nach der Unglücksschlacht von Sedan galt den ›Banditen‹. Der Komponist kam zur Probe: niedergeschlagen, müde, krank, deprimiert ... anfangs viel zu apathisch, um gegen die falschen Tempi und das öde, schläfrige Spiel auf der Bühne zu protestieren. Aber das währte nicht lange. Plötzlich sprang er wütend auf und fuhr wie der Blitz in den Damenchor: »Diable, was singt ihr denn eigentlich?«

»Eben noch vor Kälte zitternd«, so berichtet Halévy als Augenzeuge, »war er jetzt in Schweiß gebadet ... sein Mantel fliegt auf den Fauteuil, mit beiden Armen schlägt er Takt, zerbricht seinen Stock mit einem Schlag auf das Klavier ... er selbst, die Sänger, die Komparsen, alles ist wie verwandelt, das ganze Finale hat jetzt hinreißenden Schwung ... Wie die letzte Note verklingt, klatscht alles frenetisch Beifall ... Offenbach fällt in seinen Stuhl zurück und ruft: ›Mein Stock ist hin – aber mein Finale ist gerettet!‹«

Carl Treumann, der Anstifter und Bearbeiter der illegalen Wiener Offenbachiaden, war der Sohn eines Billeteurs am Hamburger Stadttheater. Suppé entdeckte ihn für die Bühne. Nach Nestroys Tod wurde er Direktor am Carl-Theater und damit so eigentlich zum »Hubert Marischka der Jahrhundertwende«. Als Sänger, Schauspieler, Regisseur, Direktor,

Übersetzer, Bearbeiter und erster Wiener Operettenbonvivant wurde er der eifrigste Agent Offenbachs. Dieser belohnte ihn für die begangenen Plagiate mit einem Aufführungsmonopol seiner Stücke in Österreich. Es wurde eine Goldgrube – für beide.

Bis Treumanns Konkurrent, Friedrich Strampfer, ein kulanteres Angebot machte. Da wechselte Offenbach hinüber zu Strampfer ans Theater an der Wien und löste mit der ›Schönen Helena‹, mit ›Blaubart‹, mit der ›Großherzogin von Gerolstein‹ einen zweiten Offenbach-Taumel in Wien aus, der den ersten an Vehemenz noch übertraf. In seinem Brennpunkt glänzte Wiens erste große Operettendiva: die Grazerin Marie Geistinger, die – seltsam genug – Offenbach den Wienern von Berlin mitgebracht hatte.

Im Sommer 1863 weilte Offenbach in Bad Ems. Eines Tages meinte der Kurdirektor im Gespräch: »Wenn Sie wirklich so leicht komponieren, wie man behauptet, dann schreiben Sie in acht Tagen ein Stück. Ich wette, Sie können das nicht!« Offenbach konnte es und gewann die Wette. So entstand die Musiquette ›Lieschen und Fritzchen‹.

Am Abend vor der Premiere setzte sich Jacques mit dem jungen Theaterkapellmeister Lindheim an den Spieltisch des Kurhauses und – verlor. Als der Croupier mit dem Rechen sein Geld einstreichen wollte, brach der Stiel. Rasch nahm ihn Lindheim an sich.

»Meister«, schlug er vor, »damit werde ich morgen abend Ihr Stück dirigieren. Das bringt uns Glück!«

»Bravo, junger Mann«, mischte sich ein Kritiker ins Gespräch, der Zeuge des Vorfalles war, »Sie gefallen mir. Wenn ich je ein Theater leiten sollte, dann hole ich Sie mir als Kapellmeister.«

Ein Jahr später wurde der Kritiker Zweiter Direktor des Théâtre des Variétés und hielt sein Versprechen: Er engagierte Lindheim für die Premiere der ›Schönen Helena‹. Ehe Lindheim das Dirigentenpult betrat, wandte er sich an Offenbach und zog lachend einen Gegenstand aus der Tasche: »Voilà, Meister, mein Taktstock, der Rechenstiel aus Ems, er wird uns auch heute den Sieg bringen!«

Und er behielt recht ...

Als der österreichische Botschafter in Paris, Fürst Richard Metternich, in der Nacht des 17. Dezember 1864 das Théâtre des Variétés verließ, wo eben zum ersten Mal Offenbachs ›La Belle Hélène‹ über die Bretter gegangen war, meinte er mit belegter Stimme zu seiner Gattin, der späteren Grande Dame des Ringstraßen-Wien, Pauline Metternich: »Wir hätten uns diese Premiere ersparen sollen. Unser Name wird in allen Zeitungen stehen, und es ist nicht angenehm für eine Frau, sozusagen offiziell in einem solchen Stück gewesen zu sein.«

Und er fand sich dabei durchaus einig mit seinem Kaiser, der etwa um diese Zeit dekretierte: »Eine anständige Frau hat keine Beine.«

Er fand sich auch einig mit dem Kritikerpapst Jules Janin, der wieder eine wütende Attacke gegen die neueste Offenbachiade ritt: »Ihr Parodie-Fabrikanten, die ihr allabendlich den Gürtel der Venus zu Charpie zerzupft ...!«

Nur daß der Ärger und das Unbehagen der beiden »Fürsten« verschiedene Motive hatte. Während Janin gegen die »Profanation aller Meisterwerke und alles Ehrwürdigen« wetterte, begriff Metternich sehr wohl, daß es gar nicht um die Antike ging, sondern um die höhere Gesellschaft von Paris, der Offenbach hier einen Zerrspiegel vorhielt. Waren es im ›Orpheus‹ die olympischen Götter, die ihr Gewand herborgen mußten, so waren es in der ›Schönen Helena‹ die homerischen Helden, hinter deren Karikaturen das Pariser Publikum bald amüsiert die lebenden Schlüsselfiguren erkannte.

Da verwandelte sich Paris, der »Apfelmann«, der in der klassischen Mythologie einst Aphrodite den Preis der Schönheit zuerkannt und damit den Trojanischen Krieg heraufbeschworen hatte, zum verführerischen Lebemann, die schöne Helena zur sensiblen, leichtentflammbaren Pariser Grande Dame, Menelaus, ihr Gatte, zum Waschlappen und Hahnrei, der Oberpriester Kalchas zum korrupten Intriganten, der Fürstensohn Orest zum frechen Halbwelt-Beau.

Und über diese unverschämten Transformationen lachte ganz Paris. Daß man sich dabei selbst verspottet fand, irritierte kaum jemand. Im Gegenteil: als die Pariser Oberschicht die scharfe Zeitsatire wahrnahm und sich selbst in einem musikalischen Zerrspiegel wiederfand, wurde die ›Schöne Helena‹ zu einem Sensationserfolg. Und als sich die Anspielung auf das Kaiserpaar Napoleon (Menelaus) und Eugenie (Helena) erst herumgesprochen hatte, begann ein Sturm auf die Kassen, der in Paris ohne Beispiel war.

Aber weder die Zeitsatire noch die Travestie hätte der ›Schönen Helena‹ ihre Unsterblichkeit gesichert. Da war neben der spritzigen, prickelnden, gepfefferten Musik noch die Verherrlichung eines betörenden Frauentypus, der durch die Pariser Kaiserin prominent repräsentiert wurde ... jener selben Eugenie, die einmal von der zwiespältig-glanzvollen Epoche des Zweiten Kaiserreiches meinte: »Sie ist eine einzige große Operette von Offenbach.«

Die Fabel des ›Helena‹-Textbuches – eines der besten Operettenbücher aller Zeiten – war im Grunde kaum an das klassische Milieu gebunden. Der senile, angeteppte Gatte, der von seiner jungen, schönen, liebeheischenden Frau betrogen wird, betrogen werden muß, ist ein Schwankmotiv, das quer durch die Literaturen aller Völker und Zeiten geht.

Die Librettisten, Ludovic Halévy, Neffe des berühmten Komponisten, schriftstellernder Ministerialbeamter mit scharfem Witz und ererbtem Theaterinstinkt, und sein alter Schulkollege, der schläfrige Henri Meilhac, der sich als Karikaturist und Revuetexter durch die Pariser Cafés schlug, ergänzten einander ideal. Halévy hatte bereits am ›Orpheus‹-Text mitgearbeitet, war aber im letzten Augenblick abgesprungen, als ihm die Sache zu brenzlich und er selbst zum Generalsekretär im Ministerium für Algerien ernannt wurde. Er hat diesen Schritt ein Leben lang bedauert. Jetzt suchte er seinen »Fehltritt« auszubügeln. Seine und Meilhacs Zusammenarbeit mit Offenbach, der zehn Werke entsprossen, zählt zu den Glücksfällen der europäischen Theatergeschichte. Obgleich es dabei nicht immer harmonisch zugegangen sein dürfte. In einer schriftlichen Erklärung bat »der Unterzeichnete Jacques Offenbach, Komponist, wohnhaft in Paris, Rue Lafitte«, seine Mitarbeiter von vornherein um Entschuldigung, »für den Fall, daß er sie beleidigen sollte«.

Der clevere Geschäftsmann Offenbach fügte jedoch vorsichtigerweise hinzu: »Die Herren Meilhac und Ludovic

Halévy mögen diese Erklärung als verbindlich betrachten, ohne jedoch daraus materielle Vorteile für ihre Person ableiten zu können.«

In der Titelrolle der ›Belle Hélène‹ wurde Hortense Schneider, Tochter eines aus Deutschland immigrierten, trinkfreudigen Schneidermeisters, zum Abgott der Pariser. Berthelier, ein spindeldürrer Schauspieler der Bouffes, hatte sie aus Bordeaux, wo sie Lehrmädchen bei einer Putzmacherin war, in seine Mansarde und von dort direkt zu Offenbach gebracht. Dem sang sie ein Stück aus dem ›Schwarzen Domino‹ von Auber vor. Nach dem zehnten Takt unterbrach sie der Direktor: »Wo hast du gelernt?«

»In Bordeaux.«

»Bei wem?«

»Bei einem gewissen Schaffner ...«

»Und hier in Paris willst du weiterlernen?«

»Ja natürlich ...«

»Unsinn! Wenn du dich unterstehst, weiter Unterricht zu nehmen, so bekommst du einen Tritt in deinen hübschen Allerwertesten, und ich zerreiße deinen Vertrag, den ich jetzt schreiben werde. Denn du bist engagiert ... mit 200 Francs monatlich, verstehst du?!«

Ihren ersten Triumph erlebte Hortense in Offenbachs Einakter ›Violoneux‹. Vor der Premiere hatte sie derartiges Lampenfieber, daß sie Halévy mit Gewalt auf die Bühne stoßen mußte. Als sie glühend und atemlos vor der Rampe stand, »mit den schönsten Schultern und den schönsten Beinen der Welt«, ging ein Schrei der Bewunderung durch das winzige Haus. Als die Aufführung zu Ende war, standen die Zuhörer kopf. »Ein köstlicheres Juwel für das Schmuckkästchen der ›Bouffes‹ wäre unmöglich zu finden gewesen«, schwärmte anderntags die Pariser Presse. »Ihre Grazie und ihr Temperament, ihre schelmische Heiterkeit und ihr Esprit haben nicht ihresgleichen!«

Eine Blitzkarriere führte die Schneider auf schwindelnde Höhen: von den ›Bouffes Parisiens‹ über das ›Théâtre des Variétés‹ ins ›Palais Royal‹, aus Bertheliers Dachkammer in die Boudoirs der Fürsten. Ihre Liaison mit dem exzentrischen Duc de Grammont-Carderousse, der sich rühmte, einen Nebenbuhler im Duell erschossen und beim Ecarté eine Million Francs verspielt zu haben, war das Tagesgespräch von Paris. Als Ostergeschenk ließ er ihr ein Monsterei vors Haus stellen: darin befand sich eine zweispännige Equipage samt Rössern und livriertem Kutscher. Dafür betrog er sie auf das schamloseste in aller Öffentlichkeit, zuweilen mit mehreren Weibern gleichzeitig. Als er auf dem trockenen saß, verputzte er auch noch ihre Ersparnisse …

Hortense Schneider kreierte auch die weibliche Hauptrolle in Offenbachs ›Blaubart‹. Bei der Probe entdeckte sie eine bildhübsche Elevin, die sich einen zarten Veilchenstrauß an die Brust gesteckt hatte. Das irritierte die Diva heftig und sie befahl: »Der Strauß muß weg! Ich kann den Veilchengeruch nicht leiden!« Es geschah nach ihrem Willen und die Probe ging weiter.

Anderntags wiederholte sich die Szene. Wieder entdeckte die Schneider die hübsche Elevin, und wieder hatte das kecke kleine Biest einen blühenden Veilchenstrauß am Busen. Da bekam die Diva einen Tobsuchtsanfall: »Ich kann nicht weiterspielen, der Geruch dreht mir den Magen um!« Da nahm die Kleine wortlos die Veilchen von der Brust und reichte sie dem Inspizienten. Sie raschelten leise und dufteten ganz zart – nach Papier.

Die Pariser Weltausstellung von 1867, mit der triumphalen Premiere von Offenbachs ›Großherzogin von Gerolstein‹ als Theatersensation, hob »La Snedér«, wie die »Göttliche« im Pariser Volksmund genannt wurde, auf den Gipfel ihres Ruhmes. Ihre Gage hatte sich längst verzwanzigfacht. Über fünfzig Majestäten kamen an die Seine, fast keiner versäumte es, die »Großherzogin« zu besuchen und der gefeierten Hauptdarstellerin seine Huldigung zu Füßen zu legen. Ihre Garderobe glich einem Fürstenappartement, es bestand aus vier Zimmern: ihrer eigenen Garderobe und den Garderoben von drei Kolleginnen, die man einfach delogiert hatte. Kostbare Teppiche lagen ausgebreitet, der goldene Spiegel über dem Schminktisch war von den Initialen der Diva flankiert. Die Monarchen antichambrierten bei ihrer Zofe, bevor sie Einlaß erhielten. Die Könige von Bayern, Schweden und

Griechenland, von Belgien und Portugal fanden sich ebenso ein wie der Herzog von Edinburgh, der Prinz of Wales und der Zar Alexander samt seinem Sohn, dem Großfürsten Wladimir. Hortense aber zog die Exoten vor: erst den Vizekönig von Ägypten Ismail Pascha, dann den steinreichen Kaiser von Abessinien. Halb bewundernd, halb boshaft stellten die Pariser fest: »Die Schneider ist die reinste Fürstenpassage!«

Ein junger Pariser Lebemann namens Xavier Feuillant, den die Schneider links hatte liegenlassen, sorgte für Heiterkeit. Als Ismail Pascha in der rechten Proszeniumsloge des Theaters, die er für die Dauer seines Pariser Aufenthaltes gemietet hatte, zur Vorstellung in Nationaltracht erschien, zeigte sich ihm gegenüber in der linken Proszeniumsloge zum größten Gaudium des Publikums seine Kopie: Feuillant, gleichfalls in türkischer Gala, mit dem Fez auf dem Kopf.

Dann mietete sich Feuillant gegenüber dem Salon der Schneider ein, versorgte sich mit sämtlichen Landesfarben und steckte, sooft eine fremde Fürstlichkeit inkognito der Diva einen »Besuch« abstattete, zum Gaudium von ganz Paris die entsprechende Fahne zum Fenster hinaus.

Die Schneider kümmerte das wenig. Nicht Napoleon, sie herrschte in Paris. Als sie zur Weltausstellung fuhr, schoß ihre vierspännige Karosse geradewegs auf das vergoldete Bronzetor des Haupteingangs zu, der ausschließlich den regierenden Herrschaften vorbehalten war. Als ihr die Wache die Zufahrt verwehren wollte, rief sie in gebieterischem Ton: »Macht Platz, hier ist die Großherzogin von Gerolstein!«

Die Wache präsentierte das Gewehr, die Bronzetür flog auf, und die Schneider rauschte in die Weltausstellung.

Als sie der Direktor der ›Folies Dramatiques‹ überreden wollte, nach längerer Unterbrechung wieder aufzutreten, stellte die Diva ihre Bedingungen: »Eine Garderobe in gleicher Höhe mit der Bühne ...«

»Leider«, bedauerte der Direktor, »es gibt nur einen Raum in Bühnenhöhe, und das ist mein Büro.«

»Ausgezeichnet«, erwiderte Hortense, »dann nehme ich eben Ihr Büro!«

Bei der Kostümprobe hatte sie lauter Extrawünsche: »Für dieses Kleid brauche ich kardinalfarbene Seide!«

»Kardinalfarbene Seide ...«, notierte der Direktor.

»Und zwar einen ganz bestimmten Ton!« forderte die Schneider.

»Ganz bestimmten Ton ...«, notierte der Direktor, »aber welchen?«

»Bordeauxweinrot, natürlich ...!«

»Welchen Jahrgang?« seufzte der Direktor.

Drei Jahre nach Offenbachs Tod notierte Halévy, das Manuskript der ›Schönen Helena‹ in Händen:

»Ich kann diese Partitur nicht betrachten, ohne daß Offenbach vor mir auftaucht, an seinem Schreibtisch im Kabinett der Rue Lafitte sitzend. Er schrieb, schrieb und schrieb – mit unwahrscheinlicher Geschwindigkeit! Ab und zu schlug er dazwischen mit der linken Hand einige Akkorde auf dem Klavier an, nach einer Melodie suchend, während die Rechte unablässig übers Papier glitt. Seine Kinder tummelten sich um ihn herum, schreiend, spielend, lachend und singend. Freunde und Mitarbeiter kamen – völlig unbefangen plauderte, scherzte und unterhielt er sich, während seine Rechte immer weiterschrieb ...«

Bisweilen geschah es, daß ein ahnungsloser Besucher, angesichts des komponierenden Meisters, die rücksichtslose Bande zu dämpfen versuchte. Dann sah Offenbach verdutzt auf, schüttelte seine Mähne »einer verzweifelten Ziege ähnlich« und krähte: »Ja, was ist denn los?! Ich kann doch nicht arbeiten, wenn alles schweigt!«

Offenbach ist der Komponist ohne Nerven – ein Phänomen. Er notiert seine prickelnden Einfälle mit winzigen Notenköpfen – Fliegenschiß auf Spinngewebe, nannte sie der Komponist Saint-Saëns – inmitten lärmender Gesellschaft. Straßenlärm regt seine Phantasie an. In seinem Wagen, der den gichtigen Mann »von der Wohnung zur Probe, vom Theater zum Verleger, von der Librettistenbesprechung zur Aufführung bringt«, läßt er sich einen Schreibtisch montieren, um die zeitraubenden Fahrten zum Notenschreiben zu nützen. So leicht geht ihm das Komponieren von der Hand, so viel Spaß macht es ihm, daß er einmal bekennt: »Ich weiß wirklich nicht, was ich dem lieben Gott angetan habe, daß er mir so viel Freude und so viel Melodie gibt.«

Nur manchmal, wenn Offenbach besonders dringende Postarbeit hatte, suchte seine Gattin Herminie die zahlreichen Besucher abzuwimmeln. Das war nicht einfach, denn die Freunde kannten ihren Jacques.

»Madame, Sie wollen uns täuschen, ich bin sicher, daß er daheim ist!« Dann streckte Offenbach seine mit dem unvermeidlichen Zwicker bewaffnete Hakennase zur Tür heraus und rief amüsiert: »Aber Sie sehen doch, mon ami, daß ich nicht daheim bin!«

Als ein Journalist des ›Figaro‹ von Offenbach eine kurze biographische Notiz erbat, setzte sich Jacques hin und schrieb:

»Ich bin in Köln zur Welt gekommen und erinnere mich noch genau, daß man mich am Tag meiner Geburt mit Liedern in den Schlaf gewiegt. Ich habe fast alle Instrumente ein wenig gespielt, Cello sehr viel. Mit dreizehn kam ich nach Paris, wurde Schüler des Konservatoriums, Cellist an der Opéra comique und später erster Kapellmeister am Théâtre Français ...

Von meinen zahlreichen Erfolgen sowie von den paar Niederlagen, die ich erlitten habe, schweige ich. Erfolg hat mich nicht eitel gemacht, eine Niederlage nie entmutigt. Ich werde keinen meiner Vorzüge erwähnen, noch über meine Mängel sprechen. Ein schreckliches und unbesiegbares Laster besitze ich allerdings, nämlich das Laster: ununterbrochen zu arbeiten. Das tut mir leid im Hinblick auf jene, die meine Musik nicht leiden können, denn selbst im Sterben werde ich noch eine Melodie unter der Feder haben.

Herzlich und stets der Ihre

Jacques Offenbach«

Im Frühjahr 1875 drang ein Fremder ins Haus, der sich nicht abweisen ließ und an Hartnäckigkeit alle Freunde übertraf. Er nannte sich Bacquero und lud Offenbach zu einem Gastspiel nach Amerika ein. Jacques, der gar keine Lust hatte, nannte eine kosmische Honorarsumme, überzeugt, damit den Mann loszusein ...

»Einverstanden!« rief Mister Bacquero und hielt Offenbach den Vertrag unter die Nase. Am andern Morgen lag das Geld auf der Bank. Jacques konnte nicht mehr aus. Als ihn die Freunde vor den gewaltigen Strapazen warnten, winkte er ab: »Keine Sorge! Ich habe eine so zarte Konstitution, daß ich nicht einmal die Kraft habe, krank zu sein.«

Auf seiner Amerika-Tournee anläßlich der Weltausstellung in Philadelphia 1876 kommt es zu einer Offenbachiade besonderer Art. Am Sonntag ist in »Gods own country« als einzige Veranstaltung ein »Geistliches Konzert« gestattet. Flugs ist Jacques mit einer »geistlichen« Hörfolge zur Hand. Drapiert von Schuberts und Gounods ›Ave Maria‹, setzt er das ›Angelus‹ aus der ›Verlobung bei der Laterne‹ aufs Programm, dazu Teile aus dem ›Orpheus‹ und der ›Großherzogin‹ und als »geistlichen« Hauptschlager die Anrufung der Venus aus der ›Schönen Helena‹. Plakate, Programme sind bereits gedruckt, alles ist vorbereitet. Da wird im letzten Moment die Genehmigung zurückgezogen. Hatten die den Braten gerochen?

»Schade«, so kommentierte der Komponist den Fall, »ich bin überzeugt, daß mein ›Sacred Concert‹ an jenem Abend großen Erfolg gehabt hätte!«

Am 5. Oktober 1880 um 4 Uhr früh starb Offenbach mit der Feder in der Hand, mit der er bis zuletzt an seiner einzigen Oper, ›Hoffmanns Erzählungen‹, gebastelt hatte. Am Morgen kam der alte Komiker Léonce, der in allen ›Orpheus‹-Versionen den Pluto gesungen hatte, und erfuhr, daß der Freund gestorben sei. Da nickte der alte Mime und meinte leise lächelnd: »Wie wird sich Jacques wundern, wenn er bemerkt, was geschehen ist!«

Um vieles später hat der Wiener Literat Friedrich Uhl der Nachwelt vorgerechnet, daß Offenbach, als er starb, genauso reich hätte sein können wie Meyerbeer, aber ... Dieses »aber« erläutert ein Ausspruch Offenbachs: »Ich habe nur zwei, nein drei Passionen: le cigare, la femme und dann noch un peu le jeu!«

Kapitel II
Die goldene Ära beginnt
Pepi Gallmeyer und Marie Geistinger

»Die verkörperte Selbstironie des Zeitalters«

Robert Hamerling über die Gallmeyer

»Sie sprach die gefährlichsten Lockworte mit einem sanften Augenaufschlag von Unschuld ... Niemals hat man eine gottlosere Dezenz, eine aufreizendere Zurückhaltung gesehen.«

Karl Glossy über die Geistinger

Angeregt durch Offenbachs mythologische Themen und aufgereizt durch seine Wiener Erfolge schrieb Franz von Suppé ein Jahr nach der Premiere der ›Schönen Helena‹ seine ›Schöne Galathee‹ und wurde so zum eigentlichen Vater der Wiener Operette. Als Sohn eines Italieners mit niederländischen Ahnen und einer Wienerin slawischer Herkunft verkörperte er geradezu musterhaft die fröhliche Blutmischung jenes Vielvölkerstaates, dem er mit seinem famosen und fidelen Marschlied ›O du mein Österreich‹ die zweite Volkshymne schuf.

Die ›Schöne Galathee‹ ging 1865 im Carl-Theater zum ersten Mal in Szene und machte Suppé über Nacht zur Berühmtheit. Aus der Operette aber wurde Wirklichkeit. Suppé verliebte sich wie Pygmalion in seine Galathee, die bildhübsche blonde Schauspielerin Amalie Krafft, und wurde von ihr, wie Pygmalion, mit irgendeinem feschen Ganymed betrogen. Nur daß er nicht, wie Pygmalion, seine Galathee wieder in Stein zurückverwandeln und einem reichen Kunsthändler Midas verklopfen konnte. Amalie verkaufte sich schon selbst ...«

Als Theaterkapellmeister der Wiener Vorstadt hatte Suppé jahrelang musikalische Einlagen fabriziert, darunter auch eine Ouvertüre, die er zweimal erfolglos einem Stück voranstellte. Als er es bei einem Vaudeville von Karl Elmar, ›Dichter und Bauer‹, ein drittes Mal probierte, schnauzte ihn der an der Moldau geborene Direktor Franz Pokorny bei der Generalprobe an: »Gehst net ham, František, mit dem Unglicksstickl! Schau, daß dir was neix einfallt!«

Aber dann wurde das »Unglicksstickl« doch gespielt und wurde zum Inbegriff und Muster aller Operettenouvertüren, unverwüstlich in seiner zündenden Wirkung. Suppé kassierte dafür bare acht Taler ...

Auch Johann Strauß soll durch Offenbach zum Operettenschreiben angestiftet worden sein. Die erste – musikalische – Begegnung der Antipoden fand auf jenem Wiener Concordiaball statt, zu dem beide eingeladen worden waren, einen Walzer zur Verfügung zu stellen. Während Offenbachs ›Abendblätter‹ unter stürmischem Beifall fünfmal wiederholt werden mußten, fiel Strauß mit seinen ›Morgenblättern‹ nahezu durch. Strauß »weinte wie ein Kind die ganze Nacht durch«, berichtet ein Zeitgenosse. Aber er war bestimmt nicht dabei ...

Die zweite – körperliche – Begegnung ereignete sich im Gasthof ›Zum goldenen Lamm‹ auf der Wieden. Offenbach kam eben, mit frischen Lorbeeren bekränzt, aus dem Carl-Theater, umringt von einer lauten Schar seiner Bewunderer, und ging schnurgerade auf einen schwarzgelockten Mann zu, der dort bescheiden in einer Ecke saß: »Excusez, Monsieur Strauß, wenn ich nicht irre ...?«

Bei einem Glas Champagner kam man ins Plaudern, und da soll Offenbach die schicksalhafte Frage ausgesprochen haben: »Warum schreiben Sie keine Operetten?«

Diese hübsche Geschichte stammt von einem Wiener Journalisten. Er veröffentlichte sie drei Jahre nach Offenbachs Tod in – Berlin. Dort konnte ihm niemand das Gegenteil beweisen ...

Tatsache ist, daß Strauß durch einen Trick Maximilian Steiners zum Operettenschreiben bewogen wurde. Steiner, seit 1869 Mitdirektor der Geistinger im Theater an der Wien, Entdecker Anzengrubers und Wegbereiter Girardis, verbündete sich mit Jetty Treffz, der Gattin des Meisters, die eine berühmte Sängerin und eine bedeutende Frau war. Jetty entwendete aus Jeans Melodien-Vorratskiste eine Handvoll seiner letzten Manuskripte, Steiner ließ sie textieren, instrumentieren und von ein paar Sängern einstudieren: Dann wurde Strauß ins Parkett an der Wien gebeten und hörte – zum ersten Mal – seine Weisen im Solo, Duett und Ensemble von der Bühne herab. Das gab den Ausschlag ...

Johann Strauß' erste Operette hat – merkwürdige Pointe – nie das Rampenlicht erblickt. Und dies, obwohl sie von Direktor Steiner bestellt und fürs Theater an der Wien bereits angenommen war. Ihr Titel lautete – frei nach Shakespeare – ›Die lustigen Weiber von Wien‹. Strauß schrieb die Hauptrolle für die berühmte Pepi Gallmeyer, Wiens »weiblichen Nestroy«. Als sie für die Rolle nicht zu haben war, weil sie wieder einmal ihren Direktor geohrfeigt hatte, verzichtete er auf die Aufführung. Sie unterblieb für immer.

Josefine Gallmeyer, um deretwillen Johann Strauß sein erstes Bühnenwerk in der Lade verstauben ließ und die Bauernfeld als »das größte theatralische Genie Wiens« feierte, kam in – Leipzig zur Welt. Allerdings als das uneheliche Kind einer Wiener Sängerin namens Tomaselli, deren Bruder später als Zuckerbäcker nach Salzburg ging, wo das Kaffeehaus, das seinen Namen trägt, ein Wahrzeichen der Stadt geworden ist.

Die »fesche Pepi«, die »Schosefin« – wie sie die Wiener zärtlich benannten –, dieser Ausbund an ungezügelter Laune und sprühendem Temperament, diese diabolische Mischung von Charme, Bosheit, Leichtsinn und Humor, herrschte neben dem einsamen Kaiser in Schönbrunn eine Generation lang über das Ringstraßen-Wien. Peter Rosegger bewunderte sie, ein Hamburger Kritiker nannte sie einen »Knalleffekt der Natur«, Robert Hamerling sah in ihr »die verkörperte Selbstironie des Zeitalters« und Raoul Auernheimer meinte: »Ihr Talent umfaßte das ganze Gebiet von der Frechheit bis zur Tragik, vom Couplet bis zum Wolterschrei, vom Cancan bis zur Träne.« Als sie einmal gefragt wurde, warum sie Theater spiele, antwortete sie: »Weil's leichter is' als Strümpf' stopfen!«

Franz von Suppé schrieb für sie die Titelrolle seiner ›Frau

Meisterin‹, mit der sie Furore machte, Offenbach war von ihrer Darstellung seiner ›Prinzessin von Trapezunt‹ hingerissen, nannte sie »eine der charmantesten und hervorragendsten Künstlerinnen unserer Zeit« und bekannte: »Sie haben mit solcher Grazie, solchem Leben, solchem Charme und solchem Feuer gespielt und gesungen, wie es gewiß keiner anderen Künstlerin gelingen wird.«

In ihrem virtuosen Cancan, den sie in der Posse ›Wiener G'schichten‹ von A. Blank zum ersten Mal tanzte, fegte sie dem Partner mit ihrer Fußspitze den Zylinder vom Kopf.

Ehe die Gallmeyer zum bejubelten Wiener Operettenstar wurde, spielte sie sich quer durch die österreichischen und deutschen Provinzbühnen. Dabei leistete sie sich schon damals mit ihrem losen, ungezügelten Mundwerk die tollsten Kapriolen. Bei einem Stück, das sie langweilte, drehte sie sich gähnend zum Publikum und raunzte: »Wann der Schmarr'n nur scho aus wär'!« Und als das Theater einmal nur schwach besucht war und ihr Partner – er war zugleich der Regisseur des Hauses – in seine Unmanier verfiel und immer leiser wurde, da rempelte ihn die Pepi auf offener Bühne an: »Sie können scho lauter reden, es hört uns eh niemand!«

Ihre erste Begegnung mit Franz von Suppé fand 1862 im Theater an der Wien statt und wurde zu einem großen Ereignis. Der Vater der Wiener Operette hatte in einer belanglosen Posse für sie eine Einlage, ein liedartiges Couplet ›Die vier Jahreszeiten‹, geschrieben, dem die Pepi mit größtem Mißtrauen gegenüberstand. Direktor Strampfer mußte sie erst zu ihrem Glück zwingen, schubste sie mit Gewalt wieder zurück auf die Bretter, als sie schon nach der ersten Strophe abgehen wollte. Und dann machte das Lied Sensation. Das Publikum tobte. Halb Wien pfiff anderntags die Melodie. Die »fesche Pepi« war über Nacht zur Berühmtheit geworden und erhielt taxfrei den Ehrentitel *die* Gallmeyer. In ihrer Erinnerung sieht das so aus:

»I sitz' am nächsten Tag beim Fruastuck und iß grad' mei' Wurscht, da les' i in der Zeitung, daß i a Schenie bin. Na, i war ganz baff!«

In einem Epigramm hat die »Schosefin« sich und ihr ungebärdiges Wesen selbst beschrieben:

»Niemals schont' ich meine Lunge,
Nie im Zaum hielt ich die Zunge,
Manches Stück, das miserabel,
Machte erst mein Spiel passabel,
Denn noch schärfer als ein Sabel
War ja stets mein kecker Schnabel!«

Als die Pepi beim Aufsetzen eines neuen Theatervertrages vom Sekretär gefragt wurde: »Wie alt?«, schlug sie verschämt die Augen nieder und erwiderte im Gretchenton: »In Brünn«.

Vorschriften überging die »fesche Pepi« großzügig und souverän. In einem schwachen Stück des famosen Operetten-Librettisten-Duos Meilhac und Halévy hatte man ihr einen anzüglichen Witz gestrichen. Die Pepi brachte ihn trotzdem und bemerkte dazu unverfroren: »Ujeh, des is' ja g'strichen! – Na, macht nix!!«

Natürlich hatte sie die Polizei am Hals.

Diese respektlose Person war gleichwohl höchster Verehrung fähig. Wagners Musik war ihr heilig und der Bayreuther Meister »ein überirdisches Wesen«. Sie trug sich als eine der ersten in die Wiener Patronanzliste für das Festspielhaus am grünen Hügel ein, hörte hingerissen die Proben zum berühmten Bayreuther Konzert von 1872 im Musikvereinssaal, das Wagner selbst dirigierte, und schwor nachher, nie mehr in der ›Tannhäuser‹-Parodie aufzutreten. Als sie dem Meister persönlich vorgestellt werden sollte, verlor sie die Courage und nahm Reißaus.

Einmal kam sie in die Wohnung der eben als Aida stürmisch gefeierten Wiener Hofopernsängerin Marie Wilt, deren unglückliche Taillenweite den Spott der Wiener ständig reizte (»Die Reise um die Wilt in 80 Tagen«). In ihrer unverfrorenen Art bat sie die Künstlerin, ihr etwas vorzusingen, weil sie die Absicht hätte, sie heute abend zu parodieren. Die Wilt ließ sich nicht lange nötigen und begann die große Aida-Arie aus dem 1. Akt zu singen. Als sie geendet hatte, rannen der Gallmeyer große Tränen über die Wangen. Mit dem Schrei: »Na, des is' zu schön, des kann i, des därf i net ...!« stürzte sie davon. Sie hat die Wilt nie parodiert.

Ihre Skandale und geräuschvollen Auftritte mit den Direktoren, Regisseuren und Partnern, bei denen ihr nicht nur das Mundwerk, sondern gelegentlich auch die Hand ausrutschte, trugen ihr den Titel »Die Krawallmeyer« ein. Als ruchbar wurde, daß die Gallmeyer Direktorin eines eigenen Theaters werden wolle, witzelte man in Wien, sie werde den Beginn der Vorstellungen nicht mit einer Klingel, sondern mit einer »Maul-Schelle« einläuten und ihre erste Premiere werde ein Ballett »Ohrfeigenblätter« sein, musiziert von einem »Backenstreichquartett«.

Kontraktbrüche beging die Pepi am laufenden Band. Der Kontraktbruch mit dem Theater an der Wien, wo 1872 die obskure Operette ›Der Silberbecher‹ ein rauschender Durchfall wurde, nach dem die Gallmeyer einfach auf und davon ging, kostete sie die Pönale-Kleinigkeit von 15000 Gulden. Freunde berechneten das Vermögen, das sie durch ihre Konventionalstrafen vergeudete, und kamen zu dem Schluß, daß eine kontrakttreue Pepi steinreich hätte werden müssen.

Ein satirischer »Wiener Theaterführer« in der Zeitschrift ›Figaro‹ entwarf folgenden Steckbrief: »Gallmeyer, Josefine. Liebt die Beständigkeit im Wechsel ihrer Direktoren. Geht jedes Jahr nach Mariazell und entsagt im Laufe ihrer Theatersaison einige Male ihrer Bühnenkarriere.«

Und die ›Bombe‹ ergänzte: »Fräulein Gallmeyer wird sicher das gewissenhafteste Mitglied des Theaters an der Wien sein, solange sie am Carl-Theater engagiert ist.«

»Alles Übel kommt von der schlechten Erziehung«, extemporierte die Pepi einmal zum Gaudium des Publikums. »Mir kann so was net passieren, denn i hab' gar kane g'habt!«

Mit ihren chronischen Liebesaffären hielt die Gallmeyer ganz Wien in Atem. »Jeden Tag«, bekannte sie einmal, »bringt mir die Post ein paar Heiratsanträg', und fast jeder Kandidat preist ma sei' guate Konstitution an. I mag aber die konstitutionell Gesinnten gar net, denn i will absolutistisch herrschen!«

Einen hartnäckigen Verehrer, der sie auf einem Ball unentwegt und demonstrativ anschmachtet, vertreibt sie mit den Worten: »Sie, wenn S' mi no lang so verliebt anstarr'n, schick' i Ihna morgen mei' Schneiderrechnung!«

Nach einer verunglückten Herzensangelegenheit schwor sie einer älteren Kollegin, der sie, schon am Sprung zu einem Maskenball, begegnete, sich nie mehr mit einem Mann einzulassen.

»Aber Pepi«, meinte die Kollegin nachsichtig lächelnd, »das halten S' doch keine zehn Tage aus.«

»Was, kane zehn Tag'«, brauste die Gallmeyer auf, »zehn Jahr'! Wett' ma?«

Die Kollegin riskierte einen Hunderter, und die Pepi rauschte ab zum Maskenfest.

Am andern Tag erschien in der Wohnung der Kollegin ein Dienstmann und überbrachte ein kleines Paket. Darin befand sich eine goldene Damenuhr und ein Zettel mit den Worten:

»Geld hab' i kans – versetzen S' halt die Uhr! Pepi«

Eine Liaison mit dem blutjungen Grazer Partner, dem charmanten Gesangskomiker Wilhelm Thaller, stand von vornherein auf schwankendem Boden. Der um sechzehn Jahre jüngere Liebhaber betrog sie denn auch nach zahlreichen Eifersuchtsszenen mit einer andern, jüngeren. Worauf sich die Pepi ihrerseits rasch mit einem noch jüngeren zu trösten suchte. Es war ein Anfänger am Wiener Stadttheater namens Josef Bank, den die Pepi ostentativ im Fiaker spazieren führte, während ihre große Rivalin, Marie Geistinger, in Amerika Triumphe feierte. Weshalb in Wien bald die Scherzfrage kursierte:

»Was ist der Unterschied zwischen der Geistinger und der Gallmeyer? Die Geistinger erwirbt sich in Amerika Thaler und spediert sie auf die Bank. Die Gallmeyer erwirbt sich in Wien Bank und spediert Thaller.«

Viele Jahre später ist Willi Thaller ein berühmter Burgtheatermime geworden, dessen grantige Autorität fast an die Girardis heranreichte. Als ihn einmal bei einem Couplet der Dirigent des Burgtheaterorchesters – es war der spätere

Staatsoperndirektor Franz Salmhofer –, wie er meinte, zuwenig anschmiegsam begleitete, raunzte ihn Thaller von der Rampe her an: »Ja, was is' denn? I fang' erst an und Sie san scho fertig!«

Heinrich Laubes siebzigster Geburtstag wurde mit einem Festbankett gefeiert. Auch die Gallmeyer war geladen und erhielt als Tischnachbar den Starmaler der Ringstraßenära Hans Makart. Wie gewöhnlich redete Makart bei Tisch kein Wort. Das machte die Pepi kribblig. Nach fünf Minuten platzte sie heraus: »Wissen S' was, Herr von Makart, schweigen wir jetzt amol von was anderm!«

Auf dem Concordiaball zog der Minister Graf Beust die Gallmeyer ins Gespräch und machte ihr ein Kompliment über ihre umwerfende Vis comica. Darauf die Pepi gemütlich: »Aber schaun S', Exzellenz, Theater oder Politik – wir spiel'n doch alle zwei Komödi. Nur bei Ihnen soll ma's net merken, und i leb' davon!«

Ein namhafter Architekt suchte die Bekanntschaft mit der Gallmeyer und sprach sie galant an: »Gestatten Sie, Gnädigste, daß ich Ihnen den Hof mache?«

»Aber gehn S'«, erwiderte die Pepi resolut, »zu was denn an Hof? Machen S' ma lieber a Ringstraßen-Palais!«

Einen Stückeschreiber, der ihr ein klassisches Versdrama anbot, kanzelte sie derb ab: »Sie, was fallt Ihnen denn ein? Des is' ja ein Stück, i brauch' aber a Stuck!«

Und als der in seiner Eitelkeit tiefgetroffene Dichter mit Größenwahn reagierte: »Meine Werke wird man noch lesen, wenn Goethe und Schiller längst vergessen sind!«, erwiderte sie prompt: »Ja, aber kan Augenblick früher!«

Als die Gallmeyer erfuhr, daß ein stadtbekannter Wiener Greisler am Ruin sei, stieg sie in den Fiaker, fuhr zu ihm, krempelte sich die Ärmel auf und stellte sich hinter die Budel. Im Nu war der Laden bummvoll, Equipagen kamen angefahren, bald standen die Leute bis auf die Straße. Alle wollten die Gallmeyer als Greislerin sehen und ihre urwüchsigen »Extempores« hören. Nach zwei Stunden war der Laden restlos ausverkauft – und der Greisler aus dem Wasser.

Die Geistinger und die Gallmeyer, die nicht nur die Anfangsbuchstaben ihres Namens, sondern auch den Erfolg, den Ruhm, die Gunst des Publikums und die Stargagen-Höhe gemeinsam hatten, sind – und das ist seltsam genug – niemals gemeinsam aufgetreten. Einmal, es war um 1880, gab sich die Pepi einen Ruck und erklärte sich bereit, zu wohltätigen Zwecken mit der Rivalin zusammen aufzutreten. Aber es kam nicht dazu. Der Grund: niemand getraute sich, das Ansinnen an die Geistinger heranzutragen. Wußte man denn, wie die schöne Wiener Helena über die Gallmeyer dachte? Man wußte nur, was die Pepi von sich selber hielt.

Als sie auf einem Maskenball von einem Verehrerschwarm bedrängt wurde, der in ihr die Gallmeyer erkannt haben wollte, verjagte sie ihn erfolgreich mit den Worten: »Was? Die Gallmeyer soll i sein? Also hörn S', mit so aner ordinären Person lass' i mi aber net vergleichen!«

»Ihre Bahnen gehen sonderbar parallel«, stellte *Blanka Glossy* fest. »Aber die Geistinger hat Glück, und die Pepi hat, auch wo sie Glück hat, dennoch keines. Die Geistinger wird Theaterdirektorin, die Pepi auch. Die Geistinger heiratet, die Pepi auch. Die Geistinger geht nach Amerika, die Pepi auch. Die Geistinger strebt zum hochdeutschen Schauspiel, die Pepi auch. Ja, dieses Nachahmen wird zuweilen ein Nachäffen: Als um 1870 das Blondfärben der Haare aufkommt, entzückt die Geistinger ihre Freunde durch eine goldglänzende Coiffüre. Vierzehn Tage später aber lacht die ganze Stadt – die Pepi ist gleichfalls blond geworden!«

Als die Geistinger, von der Pepi ebenso rückhaltlos bewundert wie gehaßt, 1869 Direktrice des Theaters an der Wien wurde, munkelte man in der Stadt, daß sich jetzt wohl auch die Gallmeyer ein eigenes Theater zulegen werde. Aber die Pepi hatte schon zuvor in Offenbachs ›Pariser Leben‹ mit einer aktuellen Couplet-Strophe solche Gerüchte dementiert:

»A ganz neuches G'schäft woll'n S'
In Wien mir verehr'n,
I soll, schreibt die Zeitung,
Direktorin wer'n.

Doch tut sich die Zeitung
Gewaltig da irr'n,
Denn da müßt' i ja nacher
Mi selber sekkier'n.«

Das hinderte nicht, daß sie dann 1874, im ungünstigsten Zeitpunkt, doch die Leitung einer Bühne, nämlich des kleinen Strampfer-Theaters unter den Tuchlauben, übernahm und dabei ein Vermögen von 100000 Gulden, das sie gar nicht besaß, einbüßte. Der Börsenkrach vertrieb das Publikum.

Um diese Zeit versuchte die Pepi, ihren aufstrebenden Kollegen, den jungen Girardi, für ihr eigenes Ensemble zu gewinnen, und parierte dessen hohe Gagenforderung mit dem Angriff: »Seit wann san S' denn a so a großer Künstler, daß d' Leut' Ihretwegen scho ins Theater rennen?«

Worauf Girardi gelassen die Gegenfrage stellte: »Seit wann san Sie a so a große Künstlerin, daß d' Leut' Ihretwegen net mehr ins Theater rennen?!«

Die »fesche Pepi« ging armselig zugrunde. Sie starb nach ihrer Rückkehr aus Amerika mit fünfundvierzig Jahren an Krebs und hinterließ eine fünfstellige Schuldsumme. Noch auf dem Sterbebett besaß sie Humor. Als sie ein Besucher mitleidsvoll fragte, ob sie etwas brauche, erwiderte sie prompt: »Ja, zwahunderttausend Gulden!«

Ihren Arzt, den bedeutenden Chirurgen Professor Albert, forderte sie auf: »Professor, i verlang' net von Ihnen, daß S' mir a ewiges Leben einblas'n. Nur so lang erhalten S' mi auf der Welt, bis i die rückständigen Steuern ab'zahlt hab'!«

Und als sie der Professor ein wenig aufmuntern und trösten wollte, winkte sie ab: »Ah, gengan S', Sie san a aner von die, die net früher die Wahrheit sagen, als bis die Partezettel aus der Druckerei kommen ...«

Ihr letzter Wunsch war, eingescharrt zu werden wie ein »armer Hund«. Ohne Blume, ohne Grabstein. Die Wiener bereiteten ihr dennoch ein glanzvolles Begräbnis ...

Marie Geistinger, Wiens erste große Operettendiva, wurde als Tochter eines Theaterehepaares in Graz geboren. Schon in ihrer Anfängerzeit auf den österreichischen Provinzbühnen gefiel sie in appetitlichen Hosenrollen. Als schöne Helena stellte sie ganz Wien auf den Kopf. Offenbach studierte die Rolle persönlich mit ihr ein, nannte sie die beste Operettensängerin des deutschen Theaters und umarmte sie hingerissen: »Violà, la belle Hélène de mes rêves!«

Der Komiker Karl Blasel aber, der den »guten Laus« (König Menelaus) in Wien kreierte, begrüßte die Partnerin mit den Worten: »Ja, das is ja das schlimme Mariedl aus Laibach mit die strammen Hoserln!«

Die Zeitgenossen rühmten ihre »junonische Gestalt«, ihre »klassischen Beine« und ihr »reizvolles Profil mit dem leicht ironischen Lächeln um die Mundwinkel«, aber auch ihre herrliche Sopranstimme und ihr kultiviertes Spiel. Nach der Premiere der ›Belle Hélène‹ schrieb die Wiener Presse: »Sie kam, ließ sich sehen und siegte!«

Unter dem Motto: »Mein Gott, was tut man nicht alles für die Kunst!« pflegte die »Offenbachantin«, die »Soubrette in Glacéhandschuhen«, wie man die Geistinger wegen ihrer Noblesse benannte, der Zeitmode entsprechend, ihre Taille auf »Wespe« zu schnüren. Sogar im Bett soll sie das Mieder getragen haben. Ihre etwas zu großen Füße zwang sie in hohe schmale Stöckelstiefeletten, und in der Kulisse stand Mathilde, das Faktotum, und hielt die bequemen Filzpantoffeln bereit.

Als sie einmal mit den hohen Stöckeln in einem Schlitz des Bühnenbodens hängen blieb, witzelte man anderntags in Wien: »Das is' das erste Mal, daß die Geistinger stecken blieb'n is'.«

Die Premiere der ›Schönen Helena‹ fand am 17. März 1865 bei Friedrich Strampfer im Theater an der Wien statt. Die Kritik sprach von einem »zynisch-lasziven Ragout«, von »Prostitution auf der Bühne« und konstatierte: »Wenn Töchter nach dieser Vorstellung von Zudringlichen angesprochen werden, ist es begreiflich. Jede Dame, die in der ›Helena‹ war, kann man getrost um ihre Adresse fragen.«

Strampfer verpflichtete daraufhin Offenbach auf drei Jahre für monatlich 500 Francs. Dafür hatte Jacques jährlich drei Einakter und ein abendfüllendes Werk dem Theater an der Wien zu liefern. Strampfer verdiente daran im Laufe der Jahre über 200 000 Gulden ...

In der Wiener Margarethenstraße etablierte sich alsbald ein Kaffeehaus ›Zur schönen Helena‹. Seine Attraktion bildete ein lebensgroßes Porträt der belle Hélène, auf dessen Rückseite die »Offenbachantin« nackt konterfeit war. Das brachte einen wilden Geistinger-Verehrer derart in Rage, daß er das Gemälde mit zwei Pistolenschüssen durchbohrte.

Für einen Tag lang hatte Wien seine Sensation und seinen Hineinfaller: »Haben S' schon g'hört, die Geistinger haben s' derschossen!«

»Jessasmariaundjosef ...!«

»No, net die wirkliche, die nackerte von Margarethen ...«

Kostbare Roben verstand sie wie keine andere zu tragen. Das veranlaßte das Wiener ›Extrablatt‹ im Mai 1873 zu folgender Meldung: »Fräulein Geistinger soll aus Paris eine prachtvolle Toilette erhalten haben und beabsichtigt, sich dazu ein Stück schreiben zu lassen.«

Als die Geistinger zusammen mit Maximilian Steiner, dem tüchtigen Sekretär Strampfers, die Direktion des Theaters an der Wien übernahm, machte in Wien das Bonmot die Runde: »Der Steiner zeigt, was er weiß, die Geistinger weiß, was sie zeigt.«

Um weniges später übernahm die Gallmeyer das Strampfer-Theater und legte sich den ehemaligen Prager Polizeibeamten und nunmehrigen Dramaturgen, Regisseur und Schwänkeschreiber Julius Rosen als artistischen Direktor zu. Worauf in Wien die Preisfrage umging: »Wer hat's besser getroffen von den beiden Direktricen, die Geistinger oder die Gallmeyer?«

Antwort: »Die Gallmeyer. Sie ist auf Rosen gebettet, die Geistinger dagegen auf Steiner.«

Auf Kollegenerfolge reagierte die Geistinger allergisch. Als Blasel, der in der ›Großherzogin von Gerolstein‹ ihr Partner war, zwei Couplet-Strophen zugeben mußte – er spielte den Prinzen Paul –, da rümpfte die Geistinger die Nase: »Na, heut wird's wieder spät aus werden. Das hast du doch nicht nötig, so viel Draufgaben ...«

Darauf Blasel lakonisch: »I net, aber 's Publikum!«

Wilhelm Knaack, Josef Matras und Karl Blasel wirkten jahrelang als unverwüstliches Kleeblatt am Carl-Theater. Matras (der als Charpie-Zupfer in einer Irrenanstalt endete) und Blasel stammten vom Grund; Knaack kam aus Rostock. Der Wiener Volksmund faßte sie – Zeichen ihrer Popularität – im Witzwort zu einer Einheit zusammen: »Der Matras hat am Gnack a Blasel.«

Als die Geistinger nach dem Lorbeer der Schauspieltragödin griff, mahnte die ›Bombe‹:

»Im Hustenreiz kann dich die Wolter meistern,
Im Mundverdrehn sogar die Gabillon,
Gib Ruh' dem Shakespeare und den andern Geistern,
Kehr heim auf deinen Operettenthron!«

Aber die Geistinger ließ sich nicht beirren. Sie ging trotzdem als Heroine ans Stadttheater zu Heinrich Laube, dem späteren Burgtheaterdirektor, wo sie fast alle klassischen Rollen von der Kameliendame über die Sappho und Medea bis zur Donna Diana, Orsina und Messalina spielte. Es gab Tage, an denen sie nachmittags die ›schöne Helena‹ und abends die Iphigenie mimte. Worauf der ›Floh‹ bissig vermerkte:

»Das ist ein sagenhaftes Talent,
So ungeheuer fleißig,
neunundzwanzig Jahre ist sie erst alt
Und sie spielt schon länger als dreißig.
Und sie spielt alles, ach, ihr ist
Eine jede Partie rein Pomade,
Bald steckt sie im Nonnenkleid, bald zeigt
Sie bis an den Hals ihre Wade.«

Die Gallmeyer kommentierte die klassischen Schauspielerfolge der Rivalin neidlos in einem Brief an einen Kollegen:

»Die Geistinger in der Borch (Burg)? – ich gönne es ihr, sie hat nach vieler Mühe und Plage eine solche Stellung ehrlich verdient!«

Die Nachricht vom Tode der Gallmeyer erreichte die Geistinger in New York. Sie telegraphierte sofort nach Wien, arrangierte in New York eine Gedächtnisfeier für die Konkurrentin, der sie daheim einen Lorbeerkranz auf die Bahre legen ließ mit der Aufschrift: »Der unvergleichlichen Künstlerin«.

Auf ihrer Tournee durch Amerika, die auf die doppelte Zeit verlängert werden mußte und ein kosmisches Honorar einbrachte, wurde die Geistinger an der Spitze einer österreichischen Operettentruppe durch ein gewaltiges Unwetter mit Dammbruch und Überschwemmung in einem kleinen ehemaligen Goldgräbernest festgehalten, das hauptsächlich von Indianern und Chinesen bewohnt war.

Um sich die Zeit zu vertreiben, improvisierte die Truppe eine ›Boccaccio‹-Vorstellung. Eine Bretterbude diente als Theater, ein alter Klimperkasten als Orchester. Die Zuschauer stiegen ohne Eintrittskarte bloßfüßig durchs Fenster ein.

»Die Bretterbude hatte eine sonderbare Akustik«, erzählte einer der Mitspieler, »die Kostüme der Artisten waren noch sonderbarer, der Dialog, den sie hielten, war aber am sonderbarsten!«

Der Geistinger riß endlich die Geduld, und sie rief dem Komiker zu: »Reden S' doch endlich, was in der Rolle steht, Sie Narrendattel!«

Aber der Mime beruhigte sie: »Giften S' Ihna net, gnä' Frau, heut könna ma reden, was ma woll'n. Sie verstengan uns ja eh net, die Schimpansen!«

Nachdem die Sarah Bernhardt den Hamlet gespielt hatte, übernahm die Geistinger – mit einundfünfzig und schon etwas »mollig« – die Rolle des Bettelstudenten. Girardi, der Ur-Bettelstudent, saß im Zuschauerraum und schmunzelte. Anderntags aber meldete die Presse unter dem Titel ›Avancement der Geistinger‹: »Die beliebte Sängerin sieht jetzt so üppig aus, daß sie eigentlich schon längst keiner Bettelstudentin, sondern eher einem Bettelprofessor gleichschaut!«

Kapitel III
Die Leichtgeschürzte wird klassisch
Johann Strauß und Alexander Girardi

»Genau genommen regierte Kaiser Franz Joseph nur bis zum Tode von Johann Strauß.«

Ernst Decsey

»Wenn i aufwach' in der Früh, da muß i glei so viel lachen.«

Alexander Girardi,
der nie früh aufstand

Das Leben im franziskojosephinischen Wien nahm selbst oft den Charakter einer Operette an. – Ein kaiserliches Handschreiben hatte zu Weihnachten 1857 die alten Wälle und Basteien niedergelegt. Die Glacis wurden verbaut. Auf ihrem Grund wuchs die Ringstraße. Im Frühjahr 1858 wurde von der Wollzeile aus mit dem Bau begonnen. Die Demolierer gingen um. Sie machten auch vor dem traditionsreichen Café Daum am Kohlmarkt nicht halt. Der alte Daum ist mit dem langjährigen Familienbesitz verheiratet, betreut seine Gäste wie ein leiblicher Vater, prüft höchstpersönlich die Getränke auf ihre Güte, mißt die Baunzerln und Salzstangerln und Semmeln mit dem Maßband, und die Stammgäste behaupten, daß die Eier, die der Ober serviert, »von beeideten Hühnern gelegt werden und daß die Kühe vor dem Melken kein Wasser trinken aus Rücksicht für den alten Daum«.

Beim Abschiedsabend trinken die Gäste keine »Schale Gold« und keine »Melange«, sondern nur »Schwarzen«. Dann ist es aus. Die Spitzhacke tritt in Aktion, das Inventar wird versteigert. Der alte Daum kämpft um jedes Stück. Als man ihm schließlich auch noch seine längst museumsreife Kaffeemaschine entwinden will, schreit er tiefverwundet auf: »Was, die Maschin' soll i a hergeb'n? Das gibt's net! I bau' mir an neuches Kaffeehaus zu derer Maschin'!«

Im Prater gab es noch vor der Weltausstellung, die allgemeine Teuerung mit sich brachte, eine Sensation. Die Herren

Berg und Regenti hatten angekündigt, daß sie mit einem gasgefüllten Ballon in die Luft steigen würden. Über zehntausend Menschen drängten sich auf den Praterwiesen und warteten gespannt auf das Aufstiegsmanöver. Als sich der Ballon vom Boden abhob, ertönte eine Stimme aus dem Publikum: »Bittschön, Herr von Berg, nehmen S' g'fälligst net nur an Sand, sondern a die Kurse mit!«

Mit der Weltausstellung im Prater erlebte der Taumel der »Gründerzeit« seinen Höhepunkt. Hundertfünfundsiebzig Banken, an die tausend Aktiengesellschaften waren gegründet worden. Kaum eine stand auf solider Grundlage. Am »Schwarzen Freitag« brach das ganze Schwindelgebäude zusammen. Der Börsenkrach machte über Nacht halb Wien zum Bettler. Die Zahl der Selbstmörder stieg beängstigend. Der Militärkapellmeister Fahrbach d. J. komponierte eine ›Krach-Polka‹. Der Piccolo beim Stahllehner aber erntete eine saftige »Tetschen«, als er einem verkrachten Börsianer ein Viertel Wein servierte mit der anzüglichen Frage: »Wünschen der Herr dazu ein Kracherl?« Dazu muß man wissen, daß »Kracherl« nicht nur ein beliebtes Süßgetränk hieß, sondern zugleich auch die volkstümliche Dialektbezeichnung für Revolver war.

Die Gründer des Zentralbauvereines landen hinter schwedischen Gardinen. Auf die gestammelte Frage: »Ja wieso denn?« erhält ein bleichgewordener Aktionär die probate Antwort: »Na ja, weil S', no bevor S' mit'n Rohbau ang'fangen hab'n, scho ans ›Verputzen‹ gangen san.«

Das Libretto zu Johann Strauß' zweiter Operette war ein Wechselbalg. Seine Erzeuger blieben im verborgenen. Direktor Steiner nahm die Schuld und die Vaterschaft auf sich und gab dem Kind seinen Namen. Bei der Taufe schwankte man zwischen ›Fantaska‹, ›Ali Baba‹, ›Die 40 Räuber‹ und ›Indigo‹. Schließlich nannte man das Produkt ›Indigo und die 40 Räuber‹. Worauf die Wiener prompt feststellten: »Aha, des san die 40 Librettisten!«

Die Kritik zerriß das Textbuch in der Luft. »Die dilettantische Mache schrie zum Himmel«, schrieb ein empörter

Journalist und riet schleunigst zur Neutextierung. Aber Eduard Hanslick, der bekannte »Wagner-Töter«, warnte: »Ob sich nachträglich das Libretto werde so gründlich waschen und färben lassen, daß es die Musik nicht entstellt, steht dahin. Ich fürchte, dieses Indigo ist echtfärbig ...«

Fünfunddreißig Jahre später wurde ›Indigo‹ doch umgefärbt. Leo Stein und Karl Lindau schrieben eine neue Textfassung und schufen damit ein »Büchl«, das Johann Strauß zu seinen Lebzeiten gerne vertont hätte. Unter dem Titel ›1001 Nacht‹ ging die neue Version 1906 im Wiener Prater zum ersten Mal in Szene und von da – trotz eines Hanslick – schnurgerade ins Weltrepertoire ein.

Den Proben zu ›Indigo‹ widmete sich Strauß mit Eifer und Sorgfalt. Die Rolle der Fantaska studierte er mit der Geistinger persönlich ein. Dabei gab es einen kleinen Zwischenfall, den die Geistinger festgehalten hat. Strauß am Flügel, eben noch ganz bei der Sache, schweifte auf einmal von der Begleitung ab und begann zu phantasieren. »Plötzlich schoben sich Motive zusammen, und eine Melodie rang sich los, innig und einschmeichelnd. Ich horchte gespannt, und dann summte ich den Refrain mit. ›Gefällt Ihnen das?‹ fragte Strauß.

›Entzückend!‹

›Gut, das wird für die nächste Operette aufgehoben!‹«

So entstand die Es-Dur-Kantilene ›Die Glocken, sie hallen‹ aus dem ›Karneval in Rom‹, einer der köstlichsten Einfälle von Strauß – die Eingebung eines Augenblicks.

Am Tag der ›Indigo‹-Erstaufführung, die im Fasching 1871 mit Johann Strauß am Dirigentenpult und Marie Geistinger als Fantaska stattfand, wurde das Theater an der Wien gestürmt. In der Hofloge drängten sich die Exzellenzen, im Parkett stauten sich die Spitzen der Gesellschaft: vom Börsenadel bis zu Theodor Billroth. Aufgeregt erschien ein Billeteur im Büro Steiners: »Herr Direktor ...!«

»Was ist denn los, ich hab' jetzt keine Zeit!«

»... der Herr k.k. Hofoperndirektor von Herbeck hat ka Karten und möcht' 'rein!«

»Verflixt, ich hab' selber keinen Sitz ... Stell ihm einen Sessel ins Orchester!«

Am Tag vor der Premiere war Johann Strauß mit einem Freund im Fiaker durch die Stadt gefahren. Als der Wagen einmal halten mußte, standen sie gerade vor einer Litfaßsäule, die mit Theaterplakaten beklebt war. In riesengroßen Lettern sprang ihnen das Wort ›Indigo‹ entgegen. Strauß wurde bleich, begann am ganzen Körper zu zittern und fiel ohnmächtig in den Wagen zurück.

Über den Verlauf der ›Indigo‹-Premiere berichtet die Geistinger persönlich:

»Dieser Abend gehört der Geschichte nicht nur der Wiener Bühne, sondern der Bühne überhaupt an, denn es muß als ein Ereignis gelten, den Walzerkönig seinen Riesensprung auf das Theater machen zu sehen.

Der Abend brachte Strauß einen Triumph und dem Theater einen Bombenerfolg. Nach jedem Akt kam der Zauberer in meine Garderobe mit feuchten Augen, zitternden Händen und schweißbedeckter Stirne.

›Glauben Sie, daß es dem Publikum wirklich gefällt ... bis zum Schluß gefallen wird?‹ fragte er angstvoll.

›Aber fürchten Sie sich doch nicht so‹, antwortete ich, ›wir haben ja schon gewonnen!‹

›Und wenn die Stimmung umschlägt?!‹

›Lieber Strauß, Sie brauchen einen Umschlag – aber aufs Hirn!‹«

Zur Premiere der Johann-Strauß-Operette ›Cagliostro in Wien‹ fand sich auch Karl Blasel als Zuhörer ein. Hinter ihm saß ein Gast aus nördlichen Gefilden, der ununterbrochen zu meckern hatte. Als er schließlich in der Pause laut die Bemerkung von sich gab: »Och Mensch, dat sind doch nichts wie lauter Walzer!«, da wurde es Blasel zu dumm. Er drehte sich um und sagte zu dem Mann: »Was denn glaub'n S', daß der Walzerkönig schreiben soll?! Vielleicht wegen Ihna a chinesische Musik, Sie Chineser!«

Johann Strauß war kein »im Theater lebendes Wesen«, wie Hermann Bahr den Österreicher definiert. Hier schlug er aus der Art. Er war absoluter Musiker, er war Lyriker. Hanslick hatte ausnahmsweise recht, wenn er feststellte, daß der Walzer – Jeans Domäne – eigentlich »die Handlung aufhält«.

Auch zur Wortkunst hatte Strauß keine Beziehung. Bücher las er nie, Zeitungen selten. So empfing er auch vom Wort seiner Textbücher keine Anregung. Im Gegenteil: meist riß er mit seinem musikalischen Einfall den mangelhaften Text mit sich fort und schuf unabhängig vom Libretto, das er zuweilen gar nicht kannte. So beichtete er in einem Brief an einen Freund über die ›Nacht in Venedig‹: »... ich habe nie das Libretto mit seinem Dialog vor mir gehabt, nur die Gesangstexte ... Bei den letzten Proben, bei welchen ich die ganze Geschichte kennenlernte, war ich ganz erschrocken ... Die Musik paßt überhaupt nicht zu diesem tollen, kunstlosen Zeug. – Lebe wohl, lieber Freund! Ich bitte Dich: teile niemand diese Enthüllungen mit. Aber wahr ist die G'schicht'!«

Daß dem Theaterfremdling Strauß mit der ›Fledermaus‹ dennoch die klassische Operette schlechthin geriet, gehört zu den liebenswürdigen Rätseln und Wundern in der Geschichte der heiteren Musik. Erklärlich nur aus der beispiellosen Instinktsicherheit des Komponisten und aus dem singulären Glücksfall eines Librettos – des einzigen, in das Strauß' Walzerseele eingehen konnte wie in einen zweiten Leib. Hier gelang die vollkommene Synthese von Tanz und Theater. Die ›Fledermaus‹ stellt den Tanz als dramatisches Element in den Mittelpunkt der Handlung. Das ganze Bühnengeschehen gipfelt in einem Ball. Dorthin oder von dort weg führen alle Fäden. Strauß, der »Walzerkönig«, war in seinem Element. Er entflammte wie nie zuvor und warf sich kopfüber in die Komposition. Ein besinnungsloser Schaffensrausch kam über ihn. Es war wie eine Eruption. In sechsmal sieben Nächten stürzte das Werk aus ihm heraus. Er soll dabei vor Glück geweint haben ... und das klingt so schön, daß man es gerne glauben möchte.

Die Textdichter der wienerischesten aller Operetten stammen aus – Preußen ... Karl Haffner, der versklavte und geschundene Hausdichter und Stückeschreiber des Carl-Theaters kam aus Ost-, Richard Genée, der kluge Schriftsteller-Musiker und Kapellmeister aus Westpreußen. Die Geschichte des ›Fledermaus‹-Buches ist selbst beinahe eine kleine Operette:

Direktor Steiner erwarb auf Empfehlung von Strauß' Verleger Gustav Lewy für sein Theater an der Wien eine Komödie des Offenbach-Librettistenpaares Meilhac und Halévy, die unter dem Titel ›Reveillon‹ in Paris Furore gemacht hatte.

Als er es las, merkte er, daß er hereingefallen war. ›Reveillon‹ war nichts anderes als ein französischer Aufguß von Roderich Benedix' biederer alter Posse ›Das Gefängnis‹, die Meilhac und Halévy einfach auf den Weihnachtsabend verlegt hatten. Aber gerade mit diesem Gag ließ sich in Wien gar nichts anfangen, wo man einen Weihnachtstrubel wie in Paris nicht kannte. Was tut in einem solchen Fall ein braver Theaterdirektor? Er versucht, die Fehlakquisition seinem Konkurrenten anzudrehen. Der hieß in diesem Fall Franz Jauner und war Direktor des Carl-Theaters. Jauner gab das Opus ungelesen seinem Hausdichter Haffner zum »adaptieren« und – sandte es, nachdem er in Haffners Elaborat geblättert hatte, zusammen mit dem französischen Original postwendend wieder an Steiner zurück. Jetzt wandte sich Steiner, verärgert über den Bumerang, an Lewy, der ihn so schlecht beraten hatte, und Lewy, keineswegs verlegen, gab noch einen Rat: »Machen Sie doch ein Libretto daraus für den Strauß!«

Steiner hakte ein, übergab das ganze Konvolut Richard Genée, und dieser schrieb – für 100 Gulden pro Akt – das klassischeste aller Operettenbücher.

Das hinderte nicht den einflußreichen Wiener Kritiker Ludwig Speidel nach der Premiere festzustellen: »Der Stoff ist ursprünglich in Deutschland gewachsen, dann ist er nach Frankreich ausgewandert, von wo er in traurigem Zustand zurückgekommen ...«

Und ein Kollege sekundierte ihm mit den Worten: »Diese ›Handlung‹ hat Johann Strauß zur Unterlage für seine neueste Komposition genommen, und das beweist, daß der in aller Welt gefeierte Künstler entweder sehr bescheiden ist oder trotz aller Anstrengungen nichts Besseres zu finden wußte.«

Das berühmte Melodrama des angesäuselten Gefängnisdirektors Frank, das man später mit der stummen Beckmesser-Szene in den ›Meistersingern‹ verglichen hat, wäre beinahe für immer unter den Tisch gefallen. Bei der Generalprobe meinte die Geistinger, Strauß' erste Rosalinde, mit leichtem Gähnen: »Ah, des is' fad, wenn so lang nix g'redt wird!«

Worauf Strauß, unsicher wie immer, sofort bereit war, die Szene zu streichen. Aber da fuhr Richard Genée wie der Teufel dazwischen und verhinderte so, daß das Welttheater um eine der köstlichsten melodramatischen Szenen ärmer wurde ...

Bei der Uraufführung, die am 5. April 1874 – es war kein Faschings-, sondern ein Ostersonntag – mit der Geistinger als Rosalinde und Strauß als Dirigenten im Theater an der Wien über die Bretter ging, saßen die Wiener auf den Ohren. Noch lag ihnen zu sehr der »Schwarze Freitag« in den Gliedern, als daß sie die Straußsche Glückseligkeitsphilosophie hätte darüber hinwegtrösten können: »Glücklich ist, wer vergißt, was nicht mehr zu ändern ist ...!«

Dazu kam noch etwas, was die Zuschauer befremdete: das Gegenwartsmilieu der ›Fledermaus‹. Kein Olympier und kein Griechenheld, kein Jupiter und kein Ali Baba mit Gefolge, ein Ringstraßen-Lebemann und seine Gesellschaft standen auf den Brettern, die weder die Unterwelt noch den Olymp, noch ein exotisches Gelände zu bieten hatten. Als sich der Vorhang zum 3. Akt, der Stube des Gefängnisdirektors, hob, ertönte von der Galerie herab eine enttäuschte Stimme: »Ui Jegerl, scho' wieder a Zimmer!«

Die Wiener Presse sah in der ›Fledermaus‹ nur ein »Potpourri aus Walzer- und Polkamotiven«, entdeckte im 2. Akt »einige Trivialitäten« und fand im Champagnerlied »durchaus nichts Moussierendes und Prickelndes«. Herablassend klopfte sie dem Walzerkönig auf die Schulter: »Wir wollen seine Operette nicht in den Himmel heben, sondern hübsch auf Erden bleiben, daß der Mann nicht übermütig werde ...«

Die allzeit lebendige Wiener Neidgenossenschaft wußte hinter vorgehaltener Hand bald eine sensationelle Neuigkeit zu verbreiten: »Haben S' scho' g'hört? Sechs Wochen hat der Schani Strauß zum Komponieren von der ›Fledermaus‹ 'braucht. Daß i net lach'! Wissen S', von wem die Musik is'?

Vom Josef! Der Johann hat den Nachlaß von sein' toten Bruadern abg'stiert und dafür der Lintscherl, der Witwe, ord'ntlich g'schmiert. Na, was sagn S' jetzt?!«

Unter denen, die dieses Gerücht nicht dementierten, sondern noch nährten, befand sich Johanns zweiter Bruder: der »fesche Edi«.

Seitdem pflegte sich Johann Strauß bei Einkäufen mit den Worten zu empfehlen: »Wissen S', i bin nämlich der Bruder vom Edi Strauß!«

So wurde die wienerischeste aller Operetten – und das gehört mit zu den Kuriositäten rund um die ›Fledermaus‹ – von den Berlinern entdeckt. Sie jubelten dem Werk vom Tag der Erstaufführung an bedingungslos zu. Jetzt begannen sich auch die Wiener langsam zu erwärmen, überhaupt seit Girardi die Rolle des Falk übernommen hatte. Aber Berlin blieb immer um eine gewaltige Nasenlänge voraus. Als man an der Wien 1876 die 100. Aufführung beging, feierte man an der Spree bereits die 200. Inzwischen aber drang das Werk bis an die Seine und stürzte – als ›La Tzigane‹ und mit verändertem Text – ganz Paris in einen besinnungslosen Strauß-Taumel. Offenbach lebte noch, aber er war, von der Gicht gequält, ans Bett gefesselt. Und noch einer fehlte bei der Pariser Premiere: Jacques Halévy, der sich als betrogener Urheber fühlte und sich hartnäckig weigerte, auch nur einen einzigen Ton der Musik anzuhören.

Zwanzig Jahre nach der Uraufführung brachte Direktor Wilhelm Jahn die ›Fledermaus‹ in die k. k. Hofoper in Wien, nachdem Gustav Mahler in Hamburg vorangegangen und das Werk zur »komischen Oper« emporgeadelt hatte. »Indem er die ›Fledermaus‹ hoftheaterfähig machte«, sagt der Musiker-Schriftsteller Bernard Grun, »machte er die Hoftheater ›Fledermaus‹-fähig.«

»Mit Gottes und Girardis Hilfe werden wir einen Erfolg haben«, schrieb Johann Strauß an Direktor Steiner vom Theater an der Wien. »Sein oder Nichtsein meiner Operetten hängt nur von ihm ab.«

Das war nicht immer Schanis Ansicht. Als Girardi zum ersten Mal in der ›Fledermaus‹ mitwirkte, gab man ihm die undankbarste Rolle: den Doktor Falk. Im ›Cagliostro‹

durfte er die Nebenrolle des Blasoni, im ›Spitzentuch der Königin‹ den Diener Sancho spielen. Als man ihm schließlich bei der Premiere des ›Lustigen Krieges‹ die Randfigur des Marchese Sebastiani zuschanzte, die weder darstellerisch noch musikalisch etwas hergab, protestierte Girardi. Er trat an Strauß heran und verlangte von ihm ein Walzerlied als Einlage. Strauß aber lehnte das Ansinnen kurzerhand ab. Da legte Girardi seine Rolle nieder. Die Suche nach einem Ersatzmann hatte keinen Erfolg. Die Premiere stand vor der Tür. Also mußte sich Strauß bequemen, Girardis Wunsch zu erfüllen. Unlustig genug griff er in seine musikalische »Mottenkiste« und warf dem lästigen Mann ein paar Walzer zur Auswahl hin. Girardi wählte, kümmerte sich selbst um die Textierung und sang am Premierenabend zu Beginn des 3. Aktes sein Walzerlied. Als er geendet hatte, geriet das bis dahin eher laue Publikum in einen Taumel der Begeisterung. Das Einschiebsel wurde zum Ereignis. Ganz Wien sang am andern Tag die Melodie: »Nur für Natur hegte sie Sympathie, unter Bäumen süßes Träumen liebte Gräfin Melanie ...«

Girardis Stern war aufgegangen.

Ein Wiener Kritiker aber schrieb nach der Premiere über den ›Lustigen Krieg‹, dessen Handlung er vergebens zu schildern versucht hatte: »Der Leser, der aus der Inhaltsangabe nicht recht klug geworden sein sollte, kann mit größter Bestimmtheit annehmen, er hat der Vorstellung persönlich beigewohnt.«

Das Publikum ließ sich davon nicht beirren. Strauß' Walzergeist und Girardis Darstellungskunst triumphierten über alle Schwächen der Handlung.

Zehn Jahre später trug man in ganz Österreich Girardi-Hüte, Girardi-Spazierstöcke und Girardi-Sonnenschirme, bezahlte aus Girardi-Brieftaschen und rauchte aus Girardi-Zigarettenspitzen. Der Dichter Hermann Bahr aber schrieb: »Man höre irgendeinen Soldaten, wie er seine Köchin hofiert. Man beobachte einen jungen Herrn der sogenannten guten Gesellschaft: alles intoniert wie Girardi, sie haben alle seine Art, den Kopf vorzustrecken, die Finger zu regen. Daß seit zwanzig Jahren jeder Schauspieler bis in die letzte Provinz, wenn er unwiderstehlich sein will, die vulgäre und doch geheimnisvolle, zitternd erregte Stimme Girardis und seine unschuldig zynischen Gebärden annimmt, wäre noch wenig. Aber es gibt wirklich unter uns keinen jungen Menschen mehr, der mit einem Mädel anbandeln könnte, ohne ihn unwillkürlich zu kopieren ...«

Um diese Zeit notierte die ›Presse‹: »Heute ist das Operettenrezept der Wiener Theater sehr einfach: Man nehme einen Girardi, gieße ein Couplet herum und der Erfolg ist fertig.«

Und der alte »Wagner-Töter« Hanslick knurrte: »Unsere neuesten Operetten sind eigentlich mißratene große Opern, mit zwei bis drei eingeklemmten Girardi-Couplets!«

Girardi wurde nicht bloß vom männlichen Publikum, das etwas auf sich hielt, kopiert, sondern auch von zahlreichen Kollegen. Im Theater in der Josefstadt hatte er sogar einen echten Doppelgänger, den Schauspieler Adolf Rauch, der ihm nicht nur aufs Haar glich, sondern ihn auch bis auf den Tonfall genau nachahmte.

Als Xandi befragt wurde, ob er sich den Rauch in der Josefstadt einmal angesehen habe, erwiderte er: »Wie i 'reinkomm', siech und hör' i, daß i scho drin bin – bin i wieder rausgangen!«

Einen Freund, der sich darüber aufregte, daß der Rauch mit seiner Girardi-Kopie so unverschämt hausieren ging, beruhigte Xandi mit den Worten: »Aber schau, der is eh g'straft genug. Jetzt kopiert er mi schon drei Jahr: zuerst aus ›Verehrung‹, dann ums Geld, und jetzt tuat er sich nix wie giften, weil i so red' wie er!«

Der neunzehnjährige »Gesangskomiker« Girardi hatte auf den Theaterzettel einer seiner ersten Benefiz-Vorstellungen in Sauerbrunn geschrieben: »Hochverehrtes Publikum! Erlauben Sie mir ganz ergebenst zur heutigen Vorstellung einzuladen. Sie können mit Bestimmtheit auf einen genußreichen Abend rechnen ...!«

Und er hat vermutlich sein Versprechen gehalten.

Als er sich dann bei dem allmächtigen Direktor des Carl-Theaters in Wien, Anton Ascher, anbot, der Girardi »in einem großgeblumten, gelben Seidenschlafrock, einen Fez auf dem Kopf« empfing, »jeder Zoll eine Offenbachsche Operettenfigur«, winkte Direktor Ascher ab: »Ich habe drei gefeierte Komiker: Matras, Knaack, Blasel – für einen vierten wüßte ich keine Verwendung.«

Da erwiderte Girardi gelassen und wandte sich zum Gehen: »Na, so werd' i halt warten, bis aner von die drei umsteht.«

Einen jungen Regisseur im Theater an der Wien störte die mundartlich gefärbte Aussprache Girardis, und er forderte ihn auf, wenigstens die Prosa hochdeutsch zu sprechen, »beim Singen stört's mich weniger«.

»Was wollen S' denn?« erwiderte Girardi beleidigt, »i red' ja eh hochdeitsch, i sog' alleweil ›Ja‹ statt ›Jo‹!«

Als Girardi von einem kurzen Abstecher nach Paris frisch ausstaffiert wieder heimkehrte, begegnete er einem bekannten Wiener Operettenlibrettisten, der seinen neuen Pariser Schirm bewunderte.

»Ja, schau dir'n nur genau an«, meinte Girardi, »alter französischer Stoff! Vielleicht könntst'n zu einer Operetten verarbeiten.«

Girardis stärkster Rivale, mit dem er ein Jahrzehnt im Theater an der Wien zusammenwirkte, war Felix Schweighofer, männlicher Star der goldenen Operettenära, als Ollendorf im ›Bettelstudent‹ ebenso gefeiert wie als Tulpenzüchter Balthasar im ›Lustigen Krieg‹, als Papacoda in der ›Nacht in Venedig‹ und in andern Straußschen Erfolgen. Schweighofer begann als Handlungslehrling in Brünn, wurde dann Kommis in einem Rauchwarengeschäft, Schreiber bei einem Advokaten und schließlich Angestellter der Staatseisenbahngesellschaft, ehe vehement und elementar sein zurückgestautes Theaterblut durchbrach.

Als er 1867 in Ödenburg auf Engagement spielte, verschlug es dem Direktor Haag die Rede:

»Sie, hören Sie, Schweighofer!« schnauzte er den Neuling an, »so geht das nicht weiter! Sie spielen ja alle Rollen nach Ihrer eigenen Auffassung. Das gibt's net! Aufg'faßt wird die Rolle in Wien, nachg'spielt und nachg'macht bei mir da in Ödenburg! Verstanden?!«

Katharina Herzog, ein echtes Wiener Theaterkind, die noch in der ersten Aufführung von Raimunds ›Verschwender‹ an der Seite des Dichters gespielt hatte, wurde von Nestroy für die Operette entdeckt und kreierte im Carl-Theater – ob ihrer freizügig gezeigten klassischen Figur vielbewundert – die erste Wiener Juno in Offenbachs ›Orpheus‹. Mit achtzig erlebte sie noch die Anfänge des silbernen Zeitalters der Operette. Als sie Girardi kurz vor ihrem Tod besuchte, räsonierte sie: »Was sagen S', lieber Girardi, zu den Zeitungen! Jetzt machen die mich älter, als ich bin. Ich muß lesen, daß ich über die Achtzig bin ... und dabei bin ich doch erst einundachtzig!«

Die Herzog war einer der wenigen Operettenstars, über den keinerlei amouröse Gerüchte im Umlauf waren. Sie blieb zeit ihres langen Lebens unnahbar und unverheiratet, war mit keinem ihrer Kollegen per Du und duldete auch nicht, daß sie einer duzte. Zu Girardi, den sie mochte, äußerte sie sich einmal: »Sehen S', Girardi, ich bin achtzig 'worden und bis heute ein braves Mädel 'blieben.«

Musikunterricht hat Girardi nie genommen, aber er besaß ein absolutes Gehör und eine absolute Musikalität. »Er konnte eine Viertel- von einer Achtelnote nicht unterscheiden«, berichtet ein Zeitgenosse, »aber einmal Vorgespieltes sang er besser nach als ein geschulter Sänger nach Noten.«

Als Strauß dem jungen Girardi die Partie des Caramello vorspielte, war dieser so begeistert von der Rolle, daß er Gesangsunterricht nehmen wollte. Aber da wurde der Walzerkönig ungemütlich: »Ich schmeiß die Partitur in die Wien, wenn Sie sich Ihren schönen Naturgesang verschandeln lassen!«

Zwei Dinge fürchtete Johann Strauß besonders: die Einsamkeit und den Tod. Als seine Gattin Jetty Treffz 1878 durch einen Schlaganfall plötzlich hingerafft wurde, floh er aus dem Haus und überließ die Sorge für Jettys Beerdigung seinem Bruder Eduard. Wenige Monate später heiratete er die um dreißig Jahre jüngere Schauspielerin Angelika Diettrich aus Köln, genannt Lily, deren blonde Gretchen-Erscheinung Jean über die Leere hinwegtäuschte, die hinter dieser hübschen Fassade gähnte. Es war der größte Irrtum seines Lebens, der nicht ohne Operettenpointe blieb. Die blonde Lily ging mit dem jungen Franz Steiner, dem Sohn und Nachfolger des Strauß-Freundes und Direktors im Theater an der Wien, einfach durch. So wurde Lily Direktrice am Haustheater ihres betrogenen Gatten. Alle gehörnten Ehemänner in Wien atmeten erleichtert auf: »Na also, wenn so was sogar dem Walzerkönig passiert ...!«

Die anderen aber wußten Jean zu trösten: »Weg mit Schaden! A Kölnisch Wasser, und net amol a echt's!«

So kam es, daß die nächste Strauß-Operette, ›Eine Nacht in Venedig‹, nicht im Theater an der Wien, für das sie geschrieben war, sondern in Berlin uraufgeführt wurde. So kam es, daß der erfolgverwöhnte Walzerkönig seinen ersten ausgewachsenen Theaterskandal erlebte. Schuld war der alberne Urtext, den die kritischen Berliner nicht schluckten.

»Bei Nacht sind die Katzen ja grau,
Dann singen sie zärtlich miau ...«,

lauteten die geistvollen Worte des ›Lagunenwalzers‹. Bei seiner Wiederholung begann die ganze Galerie zu miauen. Vergebens riefen die Strauß-Freunde aus dem Parkett »Ruhe!« und »Text weglassen!«, die Katzenmusik und damit das Fiasko waren nicht mehr aufzuhalten. Genüßlich berichtete am andern Morgen die Berliner Presse von der »Wacht am Strauß« und von den »Mitautoren des Librettos«, die »operettungslos« versungen und vertan hatten.

Johann Strauß aber warf die Flinte ins Korn: »Ich möchte mich freuen, wenn das Ganze bald ins Versorgungsheim käme. Es kann mir gestohlen werden, ich weine ihm keine Träne nach ...«

Es wurde ihm nicht gestohlen und kam nicht ins Versorgungsheim. Sechs Tage nach dem Berliner Skandal ging das Werk, nachdem Strauß – wie die Wiener Zeitungsspalten meldeten – durch »ernste, rein künstlerische Motive« bewogen worden war, »Bedenken privater Natur niederzukämpfen«, nun doch im Theater an der Wien erstmals in Szene. Franz Steiner und Lily hatten ihr Logis im Theater geräumt, der ›Lagunenwalzer‹ bekam einen neuen Text:

»Ach, wie so herrlich zu schauen
Sind all die lieblichen Frauen ...«,

und so stand einem Wiener Triumph nichts mehr im Wege. Er traf auch prompt ein und wurde nebstbei zu einem kleinen Politikum.

»Am 10. Oktober 1883«, so berichtet ein Zeitgenosse, »wurde ›Eine Nacht in Venedig‹ zum ersten und zweiten, ja mitunter zum drittenmal aufgeführt, denn das Publikum ließ sich fast jede Nummer einige Male vorsingen ... Endloses Händeklatschen ..., die Herren hatten sich von den Sitzen erhoben, die Damen neigten sich aus den Logen heraus, die Galerie schrie sich die Kehlen wund ... Es war ein Moment von großem historischem Charakter. Ein armer Berliner, der von einem Makler einen Sitz um 300 Gulden erbettelt hatte, um seinen Landsleuten die Kunde vom Ausgang der Schlacht melden zu können, versteckte sich beschämt hinter einem dicken Habitué und seufzte: Wir sind besiegt!«

Johann Strauß soll bei der ›Nacht in Venedig‹ von seinen beiden Librettisten – dem gewitzten Team F. Zell und Richard Genée – mit einem Trick regelrecht »hereingelegt« worden sein. Die beiden hätten damals nämlich – so heißt es – gleichzeitig an zwei Büchern gearbeitet: an einem italienischen und an einem polnischen Stoff. Einer davon sei für den noch nicht arrivierten Millöcker bestimmt gewesen, dem sie gerne das zugkräftigere Libretto zuschanzen wollten, weil sie bei Johann Strauß so oder so auf Nummer Sicher zu gehen meinten. Also redeten sie dem Walzerkönig ein, daß Millöcker auf die ›Nacht in Venedig‹ ganz versessen sei. Daraufhin griff Strauß sofort nach diesem Buch und überließ das andere – es war der ›Bettelstudent‹ – seinem Konkurrenten. So wurde Millöcker ein berühmter Mann, Strauß aber kam zu seinem ersten Skandal. Soweit die hübsche Geschichte. Sie hat nur einen Fehler: Als sich Strauß mit der ›Nacht in Venedig‹ zu beschäftigen begann, war der ›Bettelstudent‹ schon komponiert, und als die ›Nacht in Venedig‹ in Berlin durchfiel, schrieb Millöcker bereits an seinem ›Gasparone‹ ...

Carl Millöcker schätzte Komiker nicht. Er hielt sie für ein zwar notwendiges, aber leidiges Übel. So kam es zwischen ihm und Girardi ständig zu kleinen Reibereien, wobei Millöcker meist den kürzeren zog.

Einmal gefiel es ihm, Girardi seine Nummer immer wieder durchprobieren zu lassen.

»Pardon«, fragte Xandi endlich sanft, »glaubst, daß die Nummer g'fallt?«

»Das glaub' ich!«

»I net.«

»Man muß sie halt singen können!«

»Singen, o na! Komponieren muß ma's können!«

Millöckers Zorn ging im allgemeinen Gelächter unter.

Bei einer Probe zu ›Gasparone‹ kam es zu einem echten Krach zwischen den beiden. Girardi warf seine Rolle zu Boden und trat mit dem Fuß drauf.

»Gilt das mir?!« schrie Millöcker wütend.

»Jawohl!«

»Dann wird die Operette an dieser Bühne nicht gespielt werden.« Damit raffte Millöcker seine Partitur zusammen und verließ das Theater an der Wien. Große Bestürzung. Vergebens versuchte Direktor Steiner den Komponisten in seiner Wohnung umzustimmen.

»Ich betrete Ihr Haus nicht wieder, bevor mir Girardi nicht vor dem ganzen Personal Abbitte geleistet hat!«

Steiner sucht Girardi auf. Zögernd rückt er mit dem Ansinnen Millöckers heraus. Aber siehe da! Girardi sagt sofort zu: »I hab'n beleidigt, i muß ihn a wieder gut machen.«

Das Nötige wird veranlaßt. Am nächsten Tag, zu Beginn der Probe, ist alles versammelt. Inmitten des Personals harrt Millöcker finsteren Blickes der Abbitte. Girardi erscheint. Er geht, nein er schreitet auf Millöcker zu, sinkt vor ihm theatralisch in die Knie und streckt ihm flehentlich beide komisch gerungenen Hände entgegen. Ein durchschlagender Heiterkeitserfolg! Und Millöcker – was hätte er Besseres tun können? – lachte mit ...

Was Girardi wirklich von Millöcker, dem »Vorzugsschüler der klassischen Operette«, hielt, verrät sein Urteil, eines der raren Lobesworte aus seinem Mund: »Er war ein kolossaler Kerl und als Begleiter einfach unvergleichlich. Er hat jede Nuance, jeden Ton gekannt.«

Das Buch zu ›Gasparone‹ stammte – wie jenes zum ›Bettelstudent‹, zu Suppés ›Fatinitza‹ und ›Boccaccio‹, zu Johann Strauß' ›Cagliostro‹ und ›Eine Nacht in Venedig‹ und viele andere – von dem Dioskurenpaar F. Zell und R. Genée. Zell, der eigentlich Camillo Walzel hieß, stammte aus Magdeburg und war der Reihe nach Lithograph, Offizier, Journalist und Donaudampfer-Kapitän, sein Kompagnon Genée hingegen Kapellmeister, Komponist und Schriftsteller, ehe sie miteinander zu den regierenden Librettistenfürsten der goldenen Ära wurden. Als sie im Jahre 1895 kurz hintereinander das Zeitliche segneten, bemerkte Girardi sachlich: »Sogar des hab'n s' paarweise b'sorgt!«

Girardi war passionierter Morgenschläfer. Einer seiner Sprüche lautete: »Am besten schlaft ma in der Früh.« Vormittagsproben waren ihm daher ein Greuel. Da kam er grundsätzlich zu spät.

Nun hatte Millöcker die Hauptprobe zur ›Bettelstudent‹-Premiere bereits um 10 Uhr angesetzt. Man begann pünktlich; alles klappte, bis endlich die Stelle kam, wo Girardi auftreten sollte. Das Stichwort fiel, aber Girardi erschien nicht. Er war noch gar nicht im Haus. Also noch einmal von vorne. Der Zeiger rückte auf 11 Uhr. Das fatale Stichwort kam wieder, aber kein Girardi weit und breit. Pause. Warten. Es vergeht eine viertel, eine halbe Stunde. Die Sänger und der Chor stehen auf der Bühne, die Musiker sitzen im Orchester, Millöcker auf dem Kapellmeisterstuhl – alles schaut nervös auf die Uhr.

Endlich – Millöcker will gerade die Probe aufgeben – erscheint Girardi, gemächlich, mit dem friedlichsten Gesicht, legt gemütlich Hut und Pelz ab und versenkt seine Nase ausgiebig in sein großes Sacktuch. Erst dann bemerkt er das schwüle Schweigen ringsum: »Ja habts ihr denn scho' ang'fangen?«

Da platzt Millöcker der Kragen: »Ich an deiner Stelle wär' überhaupt nicht gekommen!«

Darauf Girardi in unschuldvollstem Ton: »Ja du, du hast eben ka Pflichtgefühl, aber i bin dazu viel zu gewissenhaft!«

Um diese Zeit begann die Operette auch in den USA ihren Siegeszug. Victor Herbert, ein gebürtiger Irländer, der noch als Cellist in der Eduard-Strauß-Kapelle gespielt hatte und schließlich in New York sein eigenes Orchester dirigierte, vermittelte nicht nur die großen europäischen Operettenerfolge nach Amerika, sondern schuf selbst an die achtzig amerikanische Operetten, die heute zum Großteil vergessen sind. Ihre ungeheure Popularität von einst bezeugt der Multimillionär Carnegie, der in einem Interview auf die Frage, wie er sich den Himmel vorstelle, zur Antwort gab: »Ruhig sitzen, nichts tun und – den ganzen Tag Victor Herberts Musik hören!«

Bezeichnend für Strauß' Arbeitsweise und wunderbar zugleich ist die Art, wie er seinen ›Zigeunerbaron‹ schuf. Der Textdichter Ignatz Schnitzer, ein ungarischer Journalist, erfaßte die Situation und machte dem Meister jenen erlösenden, aber auch weitherzigen Vorschlag: »Wir wollen alles besprechen, jede Szene und jedes Lied, Inhalt, Stimmung und Länge festlegen, dann aber komponiere du frei. Später werde ich meine Worte unter deine Noten setzen!«

Und so geschah es auch. Strauß komponierte den ›Zigeunerbaron‹, der noch gar nicht »gedichtet« war. Als er seinen famosen Librettisten bat, im Dompfaff-Duett doch recht viele A und I zu bringen, denn »das singen die Sänger besonders gerne«, bediente ihn Schnitzer prompt. Er setzte sich hin und schrieb: »Mild sang die Nachtigall ihr Liedchen in die Nacht, die Liebe, die Liebe ist eine Himmelsmacht.«

Während Strauß an seinem ›Zigeunerbaron‹ komponierte, besuchte ihn sein Freund, der Brahms-Biograph Max Kalbeck. Begierig nach einem fachmännischen Urteil des angesehenen Kritikers, legte er ein Notenblatt aufs Klavierpult und begann dem Besucher den ›Schatzwalzer‹ vorzuspielen. Nach den ersten Takten schmunzelte Kalbeck und – pfiff die Melodie weiter. Betroffen stockte Strauß. Dann ergriff er das Blatt, zerknüllte es und warf es in den Papierkorb: »Is' halt auch schon dagewesen ...!«

Kalbeck aber holte das Blatt wieder aus dem Korb, glättete es, legte es wieder aufs Pult und sagte: »Is' noch nicht dagewesen ... Aber du hast mir den Walzer schon vorgestern vorgespielt, lieber Freund, und er hat sich mir so eingeprägt, daß ich die Melodie auswendig kann ...«

Die Rolle des Zsupan hob Girardi auf den Gipfel seiner

Popularität. Ganz Wien fand ihn, den ›Zigeunerbaron‹, Johann Strauß und sämtliche andern Annehmlichkeiten des Lebens »ausgezaichnet«. Ein Mitglied der ungarischen Delegation, das die Premiere am 24. Oktober 1885 miterlebt hatte, schüttelte beim Verlassen des Theaters den Kopf und rief: »No, hát, wird man mir nicht waißmochen, daß Girardi kain Ungor is!«

Graf Albert Apponyi aber taufte eines seiner rassigsten Rennpferde »Zsupan«, und der Gaul wußte, was er dem Namen schuldig war: Er gewann das österreichische und ungarische Derby des Jahres 1886.

Als Girardi einmal nach einer ›Zigeunerbaron‹-Vorstellung Halsweh bekam, packte ihn die Angst. Er ging zu einem namhaften Laryngologen und ließ sich untersuchen. Der Arzt machte es gründlich und meinte schließlich: »Sie sollten das Rauchen einschränken. Ich rate Ihnen: höchstens zwei Zigarren täglich ...«

Girardi nahm seinen Hut und wandte sich zum Gehen.

Der Arzt begleitete ihn bis zur Türe, dort erinnerte er den Patienten höflich: »Ich bekomme fünf Gulden ...«

»Zu was?« erwiderte Girardi. »Ich befolg' Ihren Rat eh nicht!«

Girardis berühmteste Kollegin war Katharina Schratt, deren Beziehung zu Kaiser Franz Joseph bereits Legende geworden ist. Eines Tages lud die Schratt den Kollegen zum Nachmittagskaffee. Girardi kam und stellte bei sich fest, daß für drei Personen gedeckt war. Ehe er noch eine Frage stellen konnte, öffnete sich die Nebentüre und herein trat: der Kaiser. Darob war Girardi derart perplex, daß er bei der Jause kaum ein Wort hervorbrachte. Der Monarch, der sich einen humorsprühenden Partner erwartet hatte, wollte dem wortkargen Mimen ein wenig zu Hilfe kommen und fragte: »No, Herr Girardi, Sie sind ja heut so schweigsam, ist Ihnen etwas über die Leber gelaufen?«

Worauf Girardi herausplatzte: »Majestät, jausen Sie amol mit an Kaiser!«

Als ihn ein Kollege im Kaffeehaus anpumpte: »Geh, Xandi, kannst mir net fünf Gulden leih'n, i bin grad net bei Kassa!«, erwiderte Girardi trocken: »Weißt was, san ma lieber glei' bös!«

Ein Librettist wollte Girardi sein neuestes Opus einreden: »Diese Operette, Herr von Girardi, müssen Sie unbedingt spielen! Das ist die beste, die ich je geschrieben habe, Herr von Girardi, eine Bombenrolle für Sie, Herr von Girardi ...«

»Was sag'n S' denn allerweil Herr *von* Girardi zu mir«, unterbrach ihn der andere unwirsch, »glauben S' vielleicht, daß mich der Umgang mit Ihnen adelt?«

Mit Josef Kainz war Girardi eng befreundet, obwohl er wegen seiner täglichen Abendverpflichtungen kaum dazu kam, den berühmten Kollegen im Burgtheater zu sehen. Einmal gastierten zufällig beide hintereinander in Brünn, und da erlebte der »Xandi« den Freund in Schillers ›Kabale und Liebe‹.

Nach der Vorstellung wartete Kainz vergeblich im verabredeten Gasthaus auf den Freund.

Endlich, nach einer geschlagenen Stunde, erschien Girardi schweigsam und verschlossen.

»Was fehlt dir denn«, fragte ihn Kainz befremdet, »du sitzt ja da wie ein begossener Pudel?«

Da brach es aus Girardi heraus: »Ein deutscher Jüngling willst sein? A Giftmischer bist! – Auf der Straßen bin i umanandergrennt, weil i mi net direkt von dir zum Schweinskarree setzen kann!«

Girardis größtes Mißgeschick war seine Ehe mit der berühmten Burgschauspielerin Helene Odilon. Als der Bund einer Katastrophe entgegenschlitterte, wollte die Odilon den Gatten in ein Irrenhaus sperren lassen. Dank der Mithilfe von Katharina Schratt mißlang die Intrige, und Girardi wurde anschließend von den zuständigen Ärzten »freigesprochen«. Worauf der Patient das Fazit zog: »Wie i sie g'heirat' hab', hätten s' mir den Zellenwagen schicken soll'n! Jetzt, nach neunjähriger Vernunftehe, is' es zu spät. Jetzt bin i nimmer narrisch!«

Girardis zweite Frau, die aristokratische Leonie von Latinovicz, eine vollendete Dame, war die Ziehtochter des stadtbekannten und weltberühmten Wiener Klavierbauers Ludwig Bösendorfer, weshalb der »Xandi« sie einen »Engel mit Stutzflügeln« nannte. Wie er diesem Engel einen Heiratsantrag machte, war echt girardisch.

Eines Tages spazierte er mit einem Freund in Ischl am Hotel Post vorbei, wo sommersüber die Familie Bösendorfer residierte. Auf dem Balkon entdeckte er Fräulein Leonie, blieb stehen, begrüßte die Dame und begann vom Wetter und allem möglichen Zeug zu plaudern, als er plötzlich zur größten Verblüffung des Freundes (und wohl auch der Dame) laut zum Balkon hinaufrief: »Fräul'n von Latinovicz, woll'n S' mi net heiraten?!«

Es wurde trotzdem eine glückliche Ehe.

Als Alexandrine von Schönerer 1884 das Theater an der Wien übernahm, sollte Girardi als Strohmann für Franz Jauner, der wegen seiner Ringtheaterbrand-Affäre nicht öffentlich aufscheinen durfte, als »artistischer Direktor« zeichnen. De facto hat er das Amt nie angetreten, obgleich er in dieser Eigenschaft sogar öffentlich vorgestellt wurde. Bei dieser Gelegenheit wollte ein Freund wissen: »Na, Xandi, wie fühlst dich denn als Direktor?«

»Aber geh', das is do für mi nix neux«, antwortete Girardi. »I hab' ja scho amol a Theater aufg'sperrt – in Graz, wie r i no a Schlosser war!«

Die Presse aber vermeldete boshaft: »Herr Direktor Girardi hat uns schon sein Programm entwickelt: 12000 Gulden Gage als Schauspieler, 5000 Gulden Zulage als artistischer Leiter ...«

Als dann doch nichts draus wurde und ein neugieriger Pressemann den Grund wissen wollte, antwortete Girardi – frei nach Pepi Gallmeyer: »I kann mi do net selber sekkieren!«

Zu seinem fünfundzwanzigjährigen Bühnenjubiläum wurde Girardi nach der Vorstellung im Theater an der Wien von der begeisterten Menge beim Bühnentürl mit frenetischem Jubel gefeiert. Gerührt wehrte er ab: »Schreits net so, i bin ja net der Radetzky!«

Anderthalb Jahrzehnte später fand er unter den zahllosen

Glückwünschen, die ihn zu seinem sechzigsten Geburtstag erreichten, auch ein Telegramm von Peter Rosegger:

»Alexander!
Wir lieben einander!
Girardi,
Der Himmel bewahr' Di'!«

Girardi liebte das Radfahren. Besonders in Ischl radelte er gerne durch die Gegend. Dabei begegnete er häufig dem von der Jagd heimkehrenden Kaiser. Einmal hielt der Monarch seinen Wagen an, neigte sich ein wenig herab und fragte leutselig: »Das Radfahren muß wohl ein großes Vergnügen sein, Herr Girardi, weil ich Sie so oft sehe?«

Worauf Girardi herausplatzte: »Für Ihre Majestät wär' das Radeln nix, aber dem Herrn Schwiegersohn sollten Majestät zureden!«

Als man Johann Strauß das Buch für einen Einakter anbot, schrieb er an den Librettisten: »Warum nur einen Akt? Das Publikum ist gewöhnt, sich bei dreien zu langweilen. Es soll nicht so billig davonkommen!«

Einmal, ein einziges Mal, begab sich Strauß auf das von ihm so heiß umworbene Opernparkett. Sein durchkomponierter ›Ritter Pasman‹ kam am Neujahrstag 1892 sogar auf den geheiligten Brettern der k.k. Hofoper zur Uraufführung, verschwand aber nach der neunten Vorstellung, wegen »akuter Texterweichung«, wieder in der Versenkung. Damals – am 13. April 1892 – schrieb Strauß an seinen Verleger nach Berlin: »Ich bin, offen gestanden, mit dem Erträgnis der Oper gar nicht zufrieden. Sie bringt mir viel weniger als eine Operette ein, mit welcher ich keinerlei Scherereien oder Herumbalgereien durchzumachen habe. Meine Partitur abgeben – das ist alles ...«

Zur Premiere der ›Fürstin Ninetta‹, die 1893 im Theater an der Wien über die Bretter ging und in der Girardi seinen später weltberühmt gewordenen Girardi-Hut kreierte, fand sich sogar Kaiser Franz Joseph ein. Dank Girardis Mitwirkung (und der Anwesenheit des Monarchen) gab es für das schwache Werk, dessen Musik Johann Strauß geschrieben hatte, ohne das Libretto zu kennen, stürmischen Schlußbeifall. Immer wieder wurden die beiden vor den Vorhang gerufen, Strauß wie immer heftig ergriffen, Girardi wie immer ironisch über der Situation stehend. Nach dem 20. Vorhang stieß Xandi den Freund mit dem Ellbogen in die Seite und raunte ihm geheimnisvoll zu: »Du sollst rauskommen. Draußen warten drei Leut' auf dich!«

»Was woll'n s' denn?«

»Dich zum Ehrenmitglied ernennen ...«

»Wer sind s' denn?«

»Drei Werkelmänner!«

Dann aber waren es doch keine Werkelmänner, sondern der Kaiser, der auf ihn wartete. Derselbe Kaiser, von dem ein späterer Biograph meinte, er habe genauso lang regiert, als Johann Strauß lebte. Der Monarch reichte dem Walzerkönig die Hand und sagte: »Es war sehr schön, es hat mich sehr gefreut ...« Und dann fügte er überraschend hinzu: »Ihre Oper hat mir sehr gefallen.«

Damit war die Audienz beendet. Jean aber strahlte übers ganze Gesicht.

»Hast g'hört, Xandi, was er g'sagt hat?« rief er Girardi zu.

»Ja«, knurrte Girardi, »g'falln hat s' ihm.«

»Nix hast g'hört«, triumphierte Strauß, »Oper hat er g'sagt, mein Lieber, Oper ...!!«

Als ein erfolgreicher Librettist Johann Strauß vorwarf, daß er den miserablen Text zu seiner letzten Operette ›Göttin der Vernunft‹, den zu vertonen er sich schließlich energisch, wenn auch vergeblich weigerte, anfangs so vortrefflich gefunden hätte, erklärte Strauß: »Wundern Sie sich nicht, daß ich alles g'lobt hab'. Das hat gar nix zu sag'n. Denn wenn der Bösendorfer in Sicht ist zur Tarockpartie, lob' ich auch die miserabelsten Librettisten, nur um sie loszuwerden und zum Spiel zu kommen.«

Hofoperndirektor Gustav Mahler lud Girardi ein, bei einer Festaufführung der ›Fledermaus‹ am Ring den Frosch zu spielen. Bei der Probe war Girardi unglücklich über die ungewohnten Entfernungen auf der Bühne. Mahler merkte die Verstimmung und fragte: »Haben Sie einen Wunsch, Herr Girardi?«

»A ja«, erwiderte Xandi, »um an Lipizzaner tät i recht schön bitten, damit i auf die andere Seite hinüberreiten kann!«

Mit dem Ausklang des Jahrhunderts verklang allmählich auch das goldene Zeitalter der Operette. Noch lebten die großen Drei – Suppé, Millöcker, Strauß –, aber ihre letzten großen Erfolge lagen bereits ein halbes bis ein ganzes Jahrzehnt zurück. Die aufklaffende Lücke füllten drei Außenseiter: Karl Zeller, der komponierende k. k. Hofbeamte, mit seinem melodienfreudigen ›Vogelhändler‹, Carl Michael Ziehrer, der weltgereiste und weltbejubelte Musikmeister des Wiener Hausregiments Hoch- und Deutschmeister, mit seinem flotten ›Fremdenführer‹, und Richard Heuberger, der Grazer Ingenieur und langjährige Dirigent der Wiener Singakademie, dessen ›Opernball‹ zu den glücklichsten Schöpfungen der nachklassischen Operette zählt. Mit ihm gelang es Heuberger, nach dem Vorbild der ›Fledermaus‹ und deren klassischem Stil, noch einmal den Tanz als dramatisches Element in die Handlung einzuführen und damit – nach Eduard Hanslick – »die Grenzen der Wiener Operette reinzuhalten«.

Über die Entstehung des Textbuches erzählt Heuberger selbst:

»Der Plan, das Lustspiel ›Rosa Dominos‹ (von Delacour und Hennequin aus dem Jahr 1876) einer Operette zugrunde zu legen, ging gleichzeitig von Victor Léon und mir aus. Ich hatte ihn zur Besprechung in ein Kaffeehaus gebeten, mit der Absicht, ihm ›Rosa Dominos‹ vorzuschlagen. Als Léon kam – er hatte noch nicht einmal seinen Mantel abgelegt –, sagte er auf meine Anregung, ohne daß ich ihm das Stück genannt hätte: ›Ich weiß nur eines: ›Rosa Dominos‹!‹ Die Sache war entschieden!«

Und über die Komposition: »Ich arbeitete mit wahrer Freude und meist mit Glück. Nur einzelnes wollte nicht recht werden – namentlich die Nummer, die das meiste zum Erfolg der Operette beitrug: das Duett ›Im Chambre séparée‹. Ich hatte dieses Stück zehn-, zwanzig-, dreißigmal entworfen, mehrmals auch ganz ausgeführt. Ich war stets unzufrieden. Endlich – an einem entsetzlich heißen Sommertag – schrieb ich in ein paar Minuten das Stück hin, wie es steht.«

Am 3. Juni 1899 starb Johann Strauß, nachdem Suppé bereits vor vier Jahren vorausgegangen war. Am Silvestertag des alten Jahrhunderts ging auch Millöcker dahin. Zwei Monate später erschoß sich Franz von Jauner in seinem Direktionsbüro im Carl-Theater. Kurz zuvor hatte er noch einen neuen Tenor verpflichtet und seinen Arzt konsultiert. Der letzte, der mit ihm gesprochen hatte, der Buchhaltungsvorstand Gerstl, berichtete: »Ich verließ den Herrn Direktor in aufgeräumter Stimmung ...«

Inzwischen hatte längst die Inflation der klassischen Operette oder – um mit Bernard Grun zu sprechen – die »Infiltration des Genres durch Amateure und Semi-Amateure« eingesetzt. »Theaterdirigenten, Rennstallbesitzer, Rentiers, Kaufleute, Advokaten, Journalisten und Musiklehrer – alle hofften, in der Lotterie das große Los zu ziehen, und die Operette hatte ihren künstlerischen, moralischen und geschäftlichen Tiefstand erreicht.«

Als Girardi das Theater an der Wien verließ, weil er sich mit der Direktrice Alexandrine von Schönerer nicht mehr verstand, und um weniges später auch die Schönerer, ihrer stärksten Stütze, Franz von Jauner, beraubt, ermüdet die Leitung des Hauses niederlegte, schien die klassische Operette endgültig tot zu sein. Der Journalist und Librettist Julius Bauer zückte seine Feder und schrieb folgenden Nekrolog:

»In der Millöckergasse stand gestern abends eine bloß mit der Lex Heinze (dem im Deutschen Reichstag eingebrachten Zensurgesetz) bekleidete Frau und weinte bitterlich: Ich fragte sie: ›Warum weinest du so sehr?‹ Sie klapperte mit den Zähnen eine Melodie von Johann Strauß und sagte: ›Ich bin die arme verlassene Operettenmuse. Meine großen Meister sind tot, und so wird nur noch nach verschiedenen Meistern komponiert. Und jetzt will man mich verjagen aus Wien, der Stadt der Lieder! Jauner, der mich gepflegt und gehegt hat, hat sich erschossen; Fräulein von Schönerer will nicht mehr leben mit mir ... Nur noch kurze Zeit, und ich werde in Wien kein Obdach mehr finden. Während meine Meister in Ehrengräbern unter Ehrenwürmern ihre Unsterblichkeit verschlafen, werde ich als liederliches Frauenzimmer aufgegriffen. In rascher Aufeinanderfolge gaben die besten Komponisten ihren Geist auf und ließen mir den ihrer Librettisten zurück. Die Nachfolger von Strauß, Millöcker und Suppé finden im Publikum ohne Unterschied der Konfession keinen Glauben mehr. Die Mehrzahl lebt mehr vom Entdecken als vom Erfinden. Aus dem Theater an der Wien wurde das Lachen verbannt. Als Stelzer gestorben war und Girardi allein herrschte, sagte sich die Direktorin: ›Es ist nicht gut, wenn ein Komiker allein sei!‹ Und ließ den Girardi weggehen ... Nun komme ich zwischen zwei Operettentheatern auf die Erde zu sitzen. Ich soll hüben und drüben durch das Lustspiel verdrängt werden, das noch viel toter ist als die Operette!‹«

Kapitel IV
Die silberne Ära
Von Lehár bis Oscar Straus

»Das Widerwärtigste, was ich je in einem Theater erlebt habe!«
Karl Kraus nach der Wiener Premiere der ›Lustigen Witwe‹

»Wer die Operette totgesagt hat, der wird seine Meinung gestern berichtigt haben: sie lebt und wird auch weiterleben!«
Der ›Börsen-Courier‹ nach der Berliner Premiere der ›Lustigen Witwe‹

»Des san ja kane Operetten, des san lauter g'hupfte Seelendramen!«
Alexander Girardi über die moderne Tanzoperette der »silbernen Ära«

Im Mai 1891 kam es in Wien zu einer denkwürdigen Begegnung. Man gab in der Sängerhalle ein Monsterkonzert zu Ehren des ewigjungen Johann Strauß. Jean hob unter dem Jubel der Zuhörer selbst seinen neuesten Walzer ›Groß-Wien‹ aus der Taufe. Unter den zahlreichen Deputationen stellten sich zwei Militärkapellmeister ein, die nebst gewaltigen Lorbeerkränzen die Grüße der k. u. k. Armee überbrachten. Der eine hieß Karl Komzak, der andere – Franz Lehár. Zum ersten und einzigen Mal in ihrem Leben standen Wiens Walzer- und Operettenkönig und sein legitimer Nachfolger einander gegenüber und schüttelten sich die Hände. Keiner ahnte die geschichtliche Bedeutung des Augenblicks ...

Als Lehár in dem slowakischen Städtchen Komorn zur Welt kam, notierte Johann Strauß gerade die ersten Einfälle zu seiner Operette ›Indigo‹. Und als man in Wien den Walzerkönig zu Grabe trug, da setzte Lehár eben zum Sprung an. Das goldene Zeitalter der Operette hatte sich überlebt, das silberne begann.

Franz Lehár, ein echtes Tornisterkind des alten Österreich,

fing dort an, wo sein Vater geendet hatte: als k. u. k. Militärkapellmeister. Bei einer Truppenparade in Budapest, die in Gegenwart von Kaiser Franz Joseph stattfand, passierte es ihm, daß er verschlief und nicht ausrückte. Der Monarch, der sich nach dem Kapellmeister erkundigte, nahm die Meldung des Vorfalls schweigend zur Kenntnis.

Um Jahre später saß Kaiser Franz Joseph an seinem Schreibtisch in der Hofburg und horchte auf. Die Burgmusik begann eben einen Marsch, den er noch nie gehört hatte.

»Sagen S', lieber Paar, was spielen denn die da unten, das kenn' ich doch gar nicht?«

»Das ist der Nechledil-Marsch aus einer neuen Operette im Theater an der Wien, Majestät, die unlängst Premiere gehabt hat«, erklärte lächelnd der Generaladjutant Graf Paar.

»Wie heißts' denn und von wem is' s' denn?« wollte der Kaiser wissen.

»›Wiener Frauen‹ von einem gewissen Franz Lehár«, erwiderte der Graf.

»Lehár?« rief der Monarch prompt. »Ja, das is' doch der Mann, der in Budapest verschlafen hat!«

Als sich Lehár im Frühjahr 1901 um einen freigewordenen Kapellmeisterposten im Wiener Konzertverein bewarb, saß in der Jury beim Prüfungskonzert im Volksgarten der gefeierte Schöpfer des ›Opernballs‹, Richard Heuberger, und faßte sein klassisch gewordenes Urteil in folgende lapidare Feststellung: »Lehár verfügt über eine gute Kenntnis klassischer Musik, versagt jedoch dem modernen Walzer gegenüber.«

Während der Internationalen Weltausstellung im Wiener Prater veranstaltete der Herzog von Sachsen-Coburg-Gotha ein Preisausschreiben für eine einaktige deutsche Oper. Lehár reichte seine Jugendsünde ›Rodrigo‹ ein und fiel durch. Den ersten Preis erhielt ›Die Rose von Pontevedra‹ eines Steirers Joseph Forster, den heute niemand mehr kennt.

Zwölf Jahre später nannte Lehár das Heimatland seiner lustigen Witwe Hanna Glawari Pontevedro. Und so ist ein Hauch von Forsters ›Rose‹ in den Lehárschen Welterfolg eingegangen.

›Die lustige Witwe‹ sollte ursprünglich gar nicht der blutjunge Franz Lehár komponieren, sondern der schon arrivierte Richard Heuberger, dessen ›Opernball‹ bereits ein »Bestseller« war. Er hatte auch schon einen Vertrag und einen Vorschuß darauf erhalten. Aber als er dem Textdichter die ersten Musikstücke vorspielte, konnte dieser seine Enttäuschung kaum verbergen: Das war alles zu brav und bieder und ohne den gewissen Schuß slawischer Würze.

»Warum geben Sie das Buch nicht dem Lehár?« meinte Steiniger, der Sekretär des Theaters an der Wien, zu dem konsternierten Textdichter. »Der hat doch in seinem ›Rastelbinder‹ bewiesen, daß er den slawischen Akzent beherrscht.« So wurde Lehár ein berühmter Mann. Heuberger erhielt als Ersatz drei Einakter, die heute längst vergessen sind. Lehár aber entflammte wie ein bengalisches Licht. Noch in der Nacht verschlang er heißhungrig das Buch. Am andern Tag spielte er dem verblüfften Librettisten durchs Telephon bereits die erste Nummer vor: Es war das Lied vom ›Braven Reitersmann‹.

Eigentlich waren es zwei Librettisten: Victor Léon und Leo Stein. Für ihr Manuskript benutzten sie als Grundlage einen französischen Schwank, der noch sechs Monate vor der Premiere der ›Lustigen Witwe‹ in Wien über die Bretter ging; er hieß ›Der Gesandtschaftsattaché‹ und stammte – merkwürdig genug – von einem gewissen Meilhac. Es war derselbe Meilhac, der für Offenbach Libretti geschrieben und gemeinsam mit Halévy das Buch ›Reveillon‹ verfaßt hatte, aus dem später die ›Fledermaus‹ entstanden ist. Man sieht, die Operettenwelt von damals war kugelrund. Man begegnete einander immer wieder.

Als die ›Lustige Witwe‹ sich zu einem Welterfolg auszuwachsen begann, meldeten sich die Erben Meilhacs und verklagten Victor Léon und seinen Kompagnon wegen geistigen Diebstahls. Die beiden nahmen sich einen Pariser Anwalt, der den Prozeß gewann. Das Gericht entschied, daß die ›Lustige Witwe‹ ein ganz anderes Werk geworden sei. Trotzdem erklärten sich Léon und Stein nun freiwillig bereit, den Klägern einen Tantiemenanteil zu gewähren. (Das waren noch Zeiten!) Der tüchtige Pariser Anwalt aber wurde später Ministerpräsident der Grande Nation und hieß – Poincaré.

Vorerst aber war von Welterfolg keine Rede. Als Lehár den Direktoren des Theaters an der Wien, Karczag und Wallner, zum ersten Mal aus seinem Klavierauszug vorspielte, da hielt sich Karczag die Ohren zu. Schließlich nahm er Léon beiseite und meinte: »Konn ich Sie nicht värstähn, liebär Léon, dos is' doch ka Musik!« So wurde auch Karczag unsterblich ... Jedenfalls taten er und sein Kompagnon alles, um die Aufführung zu hintertreiben, deren Start man auf den 28. Dezember festsetzte, »an dem ohnehin kein Mensch zu einer Premiere geht«. Sie sparten bei den Proben, bei der Ausstattung, bei den Kostümen. Wenn schon ein Debakel, dann wenigstens ein billiges. Das war ihre Meinung. Dem Komponisten boten sie während der Proben 2500 Gulden, falls er die Operette zurückziehe. Der junge Robert Stolz, der das Werk dirigierte, wurde von Karczag angewiesen: »Liebär Freind, studierän Sie gleich auch nächstä Premierä ›Tiptop‹ ein, denn diesä lästigä Witwä werdän wir nicht longe hobän!« Léon erzwang erst durch einen Rechtsanwalt die Aufführung. Im letzten Augenblick wäre es beinahe noch zum Krach gekommen. Aber da legten sich die Hauptdarsteller ins Mittel: Mizzi Günther, die erste Hanna Glawari, und Louis Treumann, der erste Danilo. Sie erklärten sich freiwillig zu Nachtproben bereit, und Léon steuerte aus eigener Tasche die fehlenden Dekorationen bei.

Bei der Generalprobe gab es nur gereizte, übernächtigte Menschen. Mitten in diese explosive Atmosphäre platzte ahnungslos ein Journalist hinein: Ludwig Karpath, der Kritiker vom ›Neuen Wiener Tagblatt‹. Karczag wollte ihn hinauswerfen. Aber Karpath hatte – vom Berufs wegen – eine dicke Haut und blieb. Lehár hob den Taktstock, und Karpath spitzte die Ohren. Was für eine Musik! Originell, zündend, raffiniert, revolutionär und – blendend instrumentiert!

»Bravo!« rief er laut und vernehmlich.

Da drehte sich Lehár um und lächelte. Ein Stein fiel ihm vom Herzen ...

Mizzi Günther, die erste lustige Witwe, eine Hotelierstochter aus dem böhmischen Warnsdorf, machte erstmalig 1898 auf der Sommerbühne »Venedig in Wien« von sich reden. Franz Jauner holte sie ans Carl-Theater, wo sie als Mimosa in Sidney Jones' ›Geisha‹ debütierte. Gustav Mahler sah sie und machte ihr den Vorschlag: »Kommen Sie zu mir in die Hofoper, ich lasse Sie ausbilden!«

Aber die Günther winkte ab: »Dank' schön, ich bleib' schon bei der leichten Muse ...«

So wurde sie zur »Odilon der Operette«, zur Geistinger der silbernen Ära, zum strahlenden Stern der Direktion Karczag.

»Wenn man der Wiener Operette ein Denkmal setzen wollte«, schrieb Arthur Schnitzler, »müßte es die Züge Mizzi Günthers tragen.«

Am 28. Dezember 1905 ging die ›Lustige Witwe‹ im Theater an der Wien zum ersten Mal über die Bretter und löste einen Taumel der Begeisterung aus. Der rasende Beifall lockte – siehe da! – auch die Direktoren vor den Vorhang. Wie hatte Karczag gemeint? »Das is' doch ka Musik!« Jetzt quittierten sie beide, süß lächelnd, den Erfolg, den zu verhindern sie sich alle erdenkliche Mühe gegeben hatten. Als Léon die beiden hinter der Bühne triumphierend stellte: »Na, meine Herren ...?!«, da meinte Karczag unerschüttert: »Hob ich nicht immär gäsogt – wirklich gutä Operettä braucht keinä Extraausstottung!«

Léon hatte bald Gelegenheit, sich zu revanchieren. Als bei der 500. Vorstellung die Direktoren sogar eine Gedenkmünze prägen lassen wollten, schlug er Karczag vor: »Herr Direktor, die beste Inschrift wäre: Das is' doch ka Musik!«

600mal fegte die ›Lustige Witwe‹ über die Bretter des Theaters an der Wien. Beim dritten Hundert versagten die Nerven der Hauptdarsteller. Ersatzleute mußten einrücken. Aber der Erfolg riß nicht ab. Wenige Jahre später gab es auf dem ganzen Erdball kaum eine größere Stadt, wo die ›Lustige Witwe‹ noch nicht erklungen war. In Christiania – dem heutigen Oslo – rettete sie das Björnson-Theater vor dem Bankrott. In London mußten die Plätze bereits monatelang, schließlich ein ganzes Jahr voraus gebucht werden. Ganz Amerika stürzte in einen ›Merry Widow‹-Rausch. Man trug ›Merry Widow‹-Hüte, rauchte ›Merry Widow‹-Zigaretten und aß ›Merry Widow‹-Beefsteaks.

In San Francisco feierte man bereits im März 1909 die

5000. amerikanische Aufführung. Im Jahre 1910 allein ging die ›Lustige Witwe‹ 18000mal über die Bühne – in zehn Sprachen. Als Kapitän Albertis im selben Jahr eine Forschungsexpedition nach den Victoriafällen unternahm, begegnete er im Urwaldhotel am Sambesi einer europäischen Operetten-Gesellschaft. Sie spielte Lehárs ›Lustige Witwe‹.

1947 sang das Künstler-Ehepaar Jan Kiepura und Martha Eggerth in einem New Yorker Broadway-Theater, das 18000 Besucher faßte, ein ganzes Jahr hindurch allabendlich die ›Lustige Witwe‹. Jede Nummer wurde wiederholt. Also gab es nicht 365, sondern 730 Vorstellungen. Nur in Triest und Konstantinopel wurde Lehár ausgepfiffen. Dort demonstrierten die Serben und die Montenegriner im verletzten Nationalstolz gegen das Textbuch und seine Hauptfigur. Aber das war ein Mißverständnis ...

Schuld an dem Mißverständnis (und an den Krawallen) war letztlich – der Pianist Alfred Grünfeld. Bei ihm sah Louis Treumann ein Foto des montenegrinischen Erbprinzen im Nationalkostüm und war begeistert.

»Das müssen Sie mir borgen!« bestürmte er den arglosen Pianisten. »Das ist das Traumkostüm für meine neue Rolle!«

Grünfeld borgte es ... und so kam es, daß Danilo nicht in pontevedrinischer, sondern in montenegrinischer Prinzen-Uniform auftrat und damit nicht nur im Ministaat des alten Fürsten Nikita, sondern auf dem ganzen Balkan einen Sturm im Wasserglas entfachte. Lehár dachte nicht im Traum daran, daß dieser Operettensturm recht ernste Hintergründe hatte. Sieben Jahre später fielen die Schüsse von Sarajewo ...

In Budapest eroberte die ›Lustige Witwe‹ sofort das Königliche Theater. Der junge Komponist war bei den Proben zur Premiere zugegen und kümmerte sich um alles. Nach dem 2. Akt eilte er hinter die Bühne, um noch einige Regieanweisungen zu geben. Da sah er in der Kulisse eine hübsche Choristin, der die Tränen aus den Augen perlten. Teilnahmsvoll fragte er nach der Ursache ihrer Kränkung. Da stammelte die Schöne: »Ich bin über Ihr Finale so ergriffen ...«

Geschmeichelt tätschelte ihr Lehár die Wange, trocknete

ihr die Tränen, ging zum Büfett und überreichte ihr eine großmächtige Bonbonniere.

Anderntags ging die Probe weiter. Wieder kam es zum melancholischen 2.-Akt-Finale, wieder eilte Lehár auf die Bühne. Als er in die Kulisse trat, traute er seinen Augen nicht: Da standen zehn hübsche Choristinnen und schluchzten herzbrechend ...

In Zürich wurde die Premiere der ›Lustigen Witwe‹ dem blutjungen Chordirektor des Hauses anvertraut. Er hieß Wilhelm Furtwängler und kniete sich in seine Aufgabe hinein, als wär's die ›Götterdämmerung‹. Erst bei den ungezählten Reprisen begann sein Interesse zu erlahmen. Dann konnte es geschehen, daß er sich während der Dialogstellen mit verschränkten Armen ans Dirigentenpult lehnte und in Träumen versank ... Einmal träumte er so gründlich, daß er seinen Einsatz zum Duett Glawari – Danilo völlig überhörte. Vergebens wiederholte Danilo sein Stichwort, vergebens trat er an die Rampe und winkte aufgeregt zum Dirigentenpult hinab – es half nichts. Da zuckte er resigniert die Achsel, murmelte beleidigt: »Na, dann eben nicht!«, nahm seine Partnerin unter dem Arm und ging mit ihr durch die Mitte ab. Der Kómiker, der nach dem Duett seinen Auftritt hatte, mußte erst aus der Garderobe geholt werden ...

Die ›Lustige Witwe‹ startete ohne Ouvertüre. Die schrieb Lehár erst dreieinhalb Jahrzehnte später: zu einem Festkonzert der Wiener Philharmoniker, das anläßlich seines siebzigsten Geburtstages im ehrwürdigen Musikvereinssaal stattfand.

Als der Forscher Frederick Bridge in London einen Vortrag über antike Musikinstrumente hielt, ließ er von einem Musiker eine sechstausend Jahre alte Ägyptenflöte vorführen. Der Flötist, ein Theatermusiker, machte sich einen Spaß und blies den Walzer ›Lippen schweigen ...‹ aus der ›Lustigen Witwe‹. Anderntags schrieb eine führende Londoner Zeitung: »Wir haben aus dem Klangcharakter der Melodie einen deutlichen Eindruck davon erhalten, welche weichen, schwermütigen Töne die Bewohner des Nildeltas vor sechs Jahrtausenden hörten und liebten.«

Die erfolgreiche Direktion Karczag – Wallner wurde nicht durch Lehárs ›Lustige Witwe‹, sondern durch Edmund Eyslers ›Bruder Straubinger‹ eingeleitet, der am 20. Februar 1903 mit Girardi in der Titelrolle im Theater an der Wien erstmals in Szene ging. Eysler, Schüler des Wiener Konservatoriums, brachte sich, ehe ihn sein ›Bruder Straubinger‹ über Nacht zum berühmten Mann machte, notdürftig als Klavierlehrer durchs Leben. Bei der Premiere hatte er sich in bescheidenem Anzug in die Ecke einer Loge gedrückt und zitterte einem Durchfall entgegen. Als dann der Beifall aufrauschte und zuletzt die Begeisterung kein Ende nehmen wollte, holte man ihn auf die Bühne. Girardi packte ihn beim Ärmel und zog ihn an die Rampe vor das tobende Publikum. Und bei jeder Verbeugung, die der fassungslose »Mundi« an seiner Seite machte, knurrte er ihn an: »Kane Lackböck (Lackschuhe) – kan Frack ...! Zum Fünfundzwanzigsten Lack und Frack, sonst spül i net! Verstanden!?«

Im Wiener Bühnenjargon von damals nannte man ein armes Hascherl eine »Katz«. Als der ausgehungerte Eysler seinem Hauptdarsteller Girardi vorgestellt wurde, reichte ihm dieser freundlich die Hand und sah ihn mit dem gewissen Girardi-Blick an, bei dem »man nie recht wußte: ist's Ernst oder ist' s G'spaß«. Dann drehte er sich um und raunte einem Kollegen zu: »Dös is' ja a Katz!«

Nach dem Bombenerfolg des ›Bruder Straubinger‹ kam der Kollege auf die Bemerkung zurück und meinte gemütlich spottend: »Siehgst es, Xandi, und du hast glaubt, des is' a Katz!«

»Na und?« erwiderte Girardi gelassen. »A Löwe is' ja a a Katz!«

Edmund Eysler hieß ursprünglich Eisler. An dem Ypsilon war Karczag schuld. Als er den Komponisten vor der ›Straubinger‹-Premiere zu sich lud, erklärte er ihm: »Also, liebär Eisler-Bacsi, deine Musik ist sähr schön, aber mächte ich dir ein Rot gebän. Nome Eisler is' gut fir Geschäftsmonn oder Bäamte ... Künstlär muß hobän ausgerissänä Nomen – sogen wir Eisony oder Eisynyi ...!«

Und als sich Eisler sträubte, seinen ehrlichen väterlichen Namen abzulegen, riet ihm Karczag: »Nimm wenigstäns

Ypsilon in dein Ei ... Leute werdän glauben, du bist Holländer. Mit Ypsilon kannst du berihmt werdän!«

Seufzend fügte sich Mundi, und Karczag winkte ihm strahlend nach: »Servus Eysler mit Ypsilon!«

So wurde nicht der Eisler, sondern der Eysler weltberühmt ...

Das Girardi-Lied ›Küssen ist keine Sünd‹, das Karczag bei der Probe streichen wollte (»Wär interessiert sich schon für philosophischän Lied, holtet nur Hondlung auf!«), hatte ursprünglich einen andern Text von Moritz West: »Wenn die Rose verblüht, wirf sie weg«, hieß es im Refrain. Girardi protestierte: »Des is' do net Ihna Ernst, lieber Dr. West?«

»Warum nicht?« verteidigte sich der Librettist. »Straubinger ist Rosenzüchter, der wird sich doch nicht verblühte Rosen aufheben!«

»Na, des sing' i net«, entschied Girardi.

»Ja, aber warum denn nicht?« drängte West.

»Weil i damit die Frau'n beleidige. Des hab' i nia 'tan und werd' i a nie tuan und wenn S' Ihna am Kopf stell'n!«

Damit war der Fall entschieden. Ignaz Schnitzer, der zweite Librettist, verfaßte einen neuen Text: »Küssen ist keine Sünd' – mit einem schönen Kind«, und mit diesen Worten ist das Lied – trotz Karczag und dank Girardi – zum Weltschlager und Volkslied geworden.

Mit Karl Wallner, dem Kompagnon Karczags, der häufig Regie führte und dabei gerne autokratische Allüren an den Tag legte, krachte Girardi wiederholt zusammen. Dann mußte Karczag diplomatisch ausgleichen. Einmal, nach einem Krach mit Wallner, rannte Girardi von der Probe und fuhr mit dem nächsten Zug nach Mariazell, um dort, wie er noch hinterlassen hatte, eine Kerze zu stiften und zu beten: Wallner möge doch recht bald der Teufel holen. Als er im Hotel ankam, übergab ihm der Portier ein Telegramm: »Wallner mit gleichem Anliegen nach Maria Taferl abgereist. Freuen uns, Dich gesund wiederzusehen. Grüße Karczag.«

Bei der nächsten Eysler-Premiere ›Pufferl‹ kam es zum endgültigen Bruch zwischen Girardi und Wallner. Die Ursache lag in der Vergangenheit. Die beiden waren vormals Kollegen am Deutschen Volkstheater in Wien: Girardi schon als Arrivierter, Wallner als kleiner Episodist mit Dienerrollen. Nun war Girardi durchaus zugänglich, wenn man den richtigen Ton traf.

Wallner traf den Ton nicht, oder er wollte ihn nicht treffen. Als er bei einer Probe zu ›Pufferl‹ wieder einmal Girardi in barschem Hochdeutsch korrigierte, verlor dieser die Nerven und schnauzte zurück: »Sie ehemaliger Episodist! Diener! Durch die Mitte ab!«

Damit war es aus. Die beiden sprachen kein Wort mehr miteinander. Nach der 60. ›Pufferl‹-Vorstellung verließ Girardi das Theater an der Wien.

»Gehst mit mir, Mundi?« fragte er Eysler.

»Durch dick und dünn!« versicherte der Befragte.

»In jedes Theater?«

»In jedes Theater!«

»A in an Flohzirkus?«

»A in an Flohzirkus!«

Girardi war gerührt. Die beiden gingen nicht in den Flohzirkus, sondern ans Carl-Theater, wo die nächsten Eysler-Premieren stattfanden.

Leider war das nächste Eysler-Opus eine Totgeburt. Das Libretto zu ›Johann II.‹ von Stein und Lindau erwies sich als derart schwach, daß Girardi seine Rolle zurücklegte. Für ihn sprang der Schauspieler Schöpfer ein, der Girardi nach Kräften kopierte. Worauf die Kollegen schmunzelnd feststellten: »Dank dem Schöpfer haben wir einen Girardi, und dank dem Girardi einen Schöpfer.«

Im zweiten Finale seiner Operette ›Das Zirkuskind‹ die 1911 im Raimund-Theater herauskam, erinnerte sich Eysler an seinen Theorieunterricht im Konservatorium und baute ein kontrapunktisch etwas heikles Quartett, bei dem auch Girardi mitsingen sollte. Aber das klappte nicht. Xandi blieb schon nach den ersten Takten hängen, warf das Blatt hin und brummte: »Laßts mi aus mit der blöden Flohsuacherei!« Und zu Eysler gewendet: »Geh, Mundi, mach aus dem Quartett a Terzett! Soll'n si die andern plag'n, i hör' zua!« Und so geschah es auch.

Heinrich Berté war Jahre hindurch ein erfolgloser Operettenfabrikant. Bis ihm der Bruder Emil, seines Zeichens Musikverleger, ein Textbuch verschaffte, das die Librettistenfirma Willner & Richard nach dem verlogenen, aber gerade deshalb höchst erfolgreichen Schubert-Roman ›Schwammerl‹ von Rudolf Hans Bartsch gebastelt hatte. Als Berté sein ›Dreimäderlhaus‹ dem allmächtigen Karczag zum ersten Mal vorspielte, meinte dieser: »Gonz gut ... abär zu viel Berté ... gehört mähr Schubert hinein!«

Berté ging hin, tat wie ihm befohlen und kam wieder. Meinte Karczag: »Noch immär zu viel Berté! Gehört noch mähr Schubert herein. Schubert is' gutär Komponist ...«

Jetzt ging Berté der Hut hoch; er weigerte sich energisch. Es kam zum Krach. Karczag, der das Werk bereits erworben hatte, drohte mit einem Skandal. Schließlich legte sich der Bruder ins Mittel, und Heinrich Berté gab nach. Zähneknirschend sann er auf Rache. Er nahm den letzten Ton Berté aus der Partitur, griff zu Kleister und Schere, schnitzelte sich aus Schuberts gewaltigem Werk die passenden Stücke heraus und klebte sie – naturbelassen – aneinander. Da habt ihr euren Schubert! Und instrumentieren könnt ihr ihn euch auch selber!

Das ›Dreimäderlhaus‹, uraufgeführt 1916 im Wiener Raimund-Theater, wurde ein gigantischer Erfolg. In zweiundzwanzig Sprachen übersetzt, fegte das Werk über sechzig Länder. Als ›Blossom Time‹ machte es am Broadway monatelang ausverkaufte Häuser. Schon 1957 berechnete man rund 85000 Aufführungen. Die Hunderttausendergrenze dürfte demnach längst überschritten sein. Und alles dies, obwohl es weder ein Dreimäderlhaus noch einen Glasermeister Tschöll gegeben und Schubert sich nirgendwo so albern benommen hat wie in Bertés Operette, wo er es nicht einmal fertig bringt, in einem Haus mit »drei Mäderln« auch nur eine einzige Eroberung zu machen, sondern sich der Reihe nach in alle drei verliebt, bei jeder abblitzt und sich zuletzt nur noch an den Busen der Muse retten kann. Aber die Musik verklärte alles, riß alles mit sich fort ... Wie hatte Karczag gesagt? »Schubert is' gutär Komponist.«

Für Herrn Berté aber hing nicht bloß der Himmel voller Tantiemen, man verlieh ihm auch taxfrei den Namen: Schuberté.

1920 bereitete man im Theater an der Wien die Uraufführung von Lehárs neuester Operette ›Die blaue Mazur‹ vor. Zu diesem Zweck suchte die Direktion einen geeigneten Korrepetitor. Der junge Anton Paulik meldete sich und wurde aufgefordert, sich bei Lehár zum Probespiel einzufinden. Mit etwas weichen Knien klopfte Paulik an die Wohnungstür in der Theobaldgasse. Der Meister empfing ihn jovial und legte ihm ein Stück aus der ›Blauen Mazur‹ auf Klavierpult, das der Kandidat flott vom Blatt spielte.

»Sehr nett«, brummte Lehár und holte aus der untersten Lade seines Notenkastens den Klavierauszug seiner Jugendoper ›Kukuschka‹ hervor. Er schlug eine x-beliebige Stelle auf und meinte: »So, junger Mann, jetzt zeigen S', was Sie können!«

Dem »jungen Mann« wurde es schwarz vor den Augen; da wimmelte es nur so vor lauter Noten. Aber er riß sich zusammen – Blatt lesen kannst du ja, sagte er sich, also nur Mut und vor allem Temperament ...! Er stürzte sich aufs Klavier und spielte, was das Zeug hielt.

Da klopfte ihm Lehár auf die Schulter: »Sie sind auch Komponist?«

Freudig erregt, daß der Meister das gleich erkannt hatte, sprang Paulik auf und schmetterte siegessicher: »Jawohl!«

»Ich merk's«, erwiderte Lehár, »Sie spielen nämlich die ganze Zeit in Moll, ich habe das Stück aber in Dur komponiert.«

Paulik wurde trotzdem engagiert.

Er avancierte schon zwei Jahre später zum ersten Kapellmeister der Marischka-Bühnen und hat in fast anderthalb Jahrzehnten insgesamt achtundneunzig Werke der silbernen Ära aus der Taufe gehoben.

Franz Lehár war Nachtarbeiter wie viele seiner Kollegen (Johann Strauß, Kálmán etc.). Wenn er seine Librettisten nach der Geisterstunde aufklingelte – und das passierte regelmäßig –, pflegte er sie im unschuldigsten Tonfall zu fragen: »Du hast doch nicht vielleicht gar schon geschlafen?«

Paul Knepler, einer von Lehárs Textdichtern, wurde einmal gefragt, wie denn eigentlich seine Zusammenarbeit mit Lehár gewesen sei. »Anstrengend!« erwiderte Knepler lakonisch.

Lehár liebte es, bei den en-suite-Aufführungen seiner Werke plötzlich als gewöhnlicher Zuschauer zu erscheinen, und fühlte dann immer den unabweislichen Drang, die Aufführung selbst weiter zu dirigieren. Anton Paulik mußte dann jedesmal rasch am Pult zusammenbrechen. Der Inspizient trat vor den Vorhang und erklärte dem Publikum mit ernster, aber gefaßter Miene: »Meine Damen und Herren! Soeben hat Kapellmeister Paulik einen Schwächeanfall erlitten und fühlt sich außerstande, weiter zu dirigieren. Zum Glück weilt Meister Lehár unter uns und hat sich liebenswürdigerweise bereit erklärt, persönlich die Leitung zu übernehmen und damit die heutige Vorstellung zu retten!«

Donnernder Applaus, den der Meister mit gezücktem Stab strahlend entgegennahm, während Kapellmeister Paulik seinen »Schwächeanfall« in der Garderobe mit einem »Vierterl« hinunterschwemmte.

Meister Lehár soll – so geht die Theaterfama – für Gunstbezeugungen des Publikums überhaupt sehr empfänglich gewesen sein. Neidische Kollegen behaupten, daß keiner den Weg vom Dirigentenpult bis vor den Vorhang rascher zurückgelegt habe als er. Kam es bei Kálmán, Eysler, Fall oder Oscar Straus zu stürmischem Schlußbeifall, so pflegten die sich verneigenden Darsteller laut vor sich hin zu fragen: »No, und wo bleibt denn der Lehár?!«

In diesem Punkt wetteiferte übrigens Ralph Benatzky mit Lehár. In Ischl erzählten sich die Eingeweihten: »Wenn der Benatzky in St. Wolfgang im Gasthaus Zum weißen Rößl sitzt und die Regentropfen ans Fenster klatschen, dann steht er auf und verbeugt sich geschmeichelt.«

Zwei wenig erfolgreiche Operettenkomponisten der silbernen Nachära bezichtigten einander des Plagiats. Einer behauptete vom andern, er hätte seinen Schlager gestohlen. Es kam zum Prozeß. Franz Lehár wurde als Sachverständiger zugezogen. Nachdem die beiden ihre Schöpfungen vorgespielt hatten, fragte der Richter den Sachverständigen: »Wer, Meister Lehár, ist nun Ihrer Meinung nach der Bestohlene?«

Darauf Lehár lakonisch: »Jacques Offenbach.«

Ischl, die Sommerresidenz Kaiser Franz Josephs, war jahrzehntelang auch das sommerliche Refugium der großen österreichischen Operetten-Meister von Johann Strauß bis Emmerich Kálmán. Vor der Uraufführung seiner ›Goldenen Meisterin‹ fand sich auch Edmund Eysler in Ischl ein, um hier Anton Paulik, den Dirigenten der Premiere, in das Werk einzuführen. Auf einem Spaziergang längs der Traun lief ihnen ein greinender, bloßfüßiger Bub über den Weg.

»Ja, was fehlt dir denn, Franzl?« erkundigte sich der Meister mitfühlend.

»I hob mein Fuaßball in Bach g'schoss'n«, plärrte der Bub.

»No, das werden wir gleich haben«, beschwichtigte ihn der Meister. Er trat an den nahe gelegenen Spielwarenstand heran und verlangte einen Gummiball. Man legte ihm einen bescheidenen kleinen und einen aufwendigeren großen zur Auswahl vor. Eysler schwankte kurz, dann siegte sein sparsamer Geist, und er wählte den kleinen.

»So, da hast, Franzl, und jetzt is' alles wieder gut, gelt?«

»I hoaß net Franzl, i hoaß Seppl ...«

»Soso, und wie alt bist denn?«

»Sechs Joahr ...«

»Und was willst denn werden?«

»So a Komponist wia dar Lehár!« rief der Seppl und rannte davon.

Pause.

Dann meinte der Meister sanft zu seinem Begleiter: »Sehen S', Paulik, jetzt bin ich erst froh, daß ich ihm nur den kleinen gekauft hab'!«

Leo Fall, wie Lehár Sohn eines k. u. k. Militärkapellmeisters, brachte mit seiner Operette ›Der fidele Bauer‹ eine neue Nuance auf die Bretter der heiteren Muse: kunstvolle Schlichtheit, volkstümliche Note, bäuerliches Milieu, oberösterreichischen Dialekt.

Als er das Werk in Wien anbot, lachte man ihn aus. Erst als der ›Fidele Bauer‹, vom Textautor nach Mannheim vermittelt, bei den dortigen Operettenfestspielen einen unbestrittenen Erfolg errang, griff Karczag im Theater an der Wien zu und bereitete dem Werk eine glanzvolle Premiere: Louis Treumann, Mizzi Günther, Max Pallenberg und Grete Holm spielten die Hauptrollen. Der junge Robert Stolz dirigierte, verliebte sich in die Holm und landete im Hafen seiner ersten Ehe.

So wurde der ›Fidele Bauer‹ ein Welterfolg. Ein halbes Jahr später gab es kaum eine deutsche Bühne, die ihn noch nicht gespielt hätte. Ein Theaterverleger in Berlin sicherte sich die globalen Rechte und übersandte Fall einen Vorschuß von 30000 Mark. Als Fall den Scheck in der Hand hielt, wurde er bleich, stotterte: »Aber so viel Geld gibt's doch gar net ...« und fiel in Ohnmacht.

Zur Generalprobe von Leo Falls Operette ›Der fidele Bauer‹ fand sich auch Emmerich Kálmán im Theater an der Wien ein. Das neue Werk seines Freundes gefiel ihm sehr, noch mehr die blendende Aufführung. Besonders aber begeisterte ihn das Spiel eines jungen Komikers, den er zum ersten Mal sah. Aufgeregt stürmte er in der Pause zu Direktor Karczag: »Liebär Onkel Vilmos, ich bin außer mir! Ich hobä da einän jungän Komikär gesehän ... den müssän Sie für meinä Operettä engagierän, unbedingt, bitta schön!«

»Liebär Imre, reg dich wiedär ab«, dämpfte ihn Karczag, »dos is der Max Pallenberg. Aber sog ihm ja nicht, daß du bist von ihm begeistärt, sonst verlongt er gleich doppeltä Gage!«

Kálmáns ›Herbstmanöver‹ ging dann auch mit Otto Storm, Grete Holm, Luise Kartousch und – Max Pallenberg bei Karczag in Szene und wurde ein durchschlagender Erfolg. Schon im nächsten Jahr erschien das Werk mit dem Titel ›The Gay Husars‹ in New York, es folgten London, Stockholm, Kopenhagen, Genua, Marseille, Rußland, Polen, Australien ... Inzwischen war der Krieg ausgebrochen und warf seine Schatten auch auf Kálmáns Opus. In Prag randalierten die Besucher gegen die »Militärpersiflage«, Erzherzog Karl, der im Zuschauerraum saß, erhob sich, gebot »Ruhe!« und rettete die Aufführung. In Kronstadt, wo eben die Rumänen einrückten, war die Premiere nicht zu retten. Die rumänische Soldateska hielt die Darsteller für echte Soldaten und schoß auf die Bühne.

Die Wiener Kaffeehauskritik aber stellte fest: »Schade, daß die Musik ein Schmarr'n ist. Die Operette wäre sonst ein ganz schöner Erfolg geworden.«

Kálmáns zweite Operette ›Der gute Kamerad‹ – ein »musikalisches Volksstück« nannten es die Librettisten Karl Bakonyi und Victor Léon – war ein glatter Durchfall. Nach wenigen Aufführungen verschwand das Werk in der Versenkung. Als der Krieg ausbrach, roch der gewitzte Léon Lunte, holte den alten Text hervor, bastelte daraus ein aktuelles Libretto und nannte es ›Gold gab ich für Eisen‹. Kálmán schrieb dazu eine frische Musik, Karczag steuerte ein neues Darstellerteam bei, das »klassisch« wurde: Betty Fischer – Hubert Marischka, Luise Kartousch – Ernst Tautenhayn. Es wurde ein Bombenerfolg. Auf ihrem Siegeszug eroberte die österreichische Kriegsoperette sogar das feindliche Ausland. Dort nannte man sie ›Her Soldier Boy‹ und – sparte sich die Tantiemen.

Leo Fall pflegte seine Werke selbst zu instrumentieren. Um aber sicherzugehen, verschrieb er sich den jungen Paulik als Korrektor: »Für jeden Fehler, den Sie finden und korrigieren, zahle ich Ihnen eine Krone!«

Paulik arbeitete drei Tage lang an der ihm in Raten vorgelegten Partitur – es war die der ›Geschiedenen Frau‹ – und kam dabei zunächst auf seine Rechnung. Aber je weiter die Arbeit fortschritt, desto sauberer wurde das Manuskript. Am fünften Tag fand Paulik trotz eifrigen Bemühens keinen einzigen Fehler mehr. Ein brotloses Geschäft! Er kündigte daher Leo Fall seine Dienste auf, indem er eine andere wichtige Arbeit vorschützte.

Fall stutzte, dann schlug er vor: »Kommen Sie morgen noch. Ich habe da noch ein schwieriges Finale.«

Paulik kam und war glücklich. Das Finale strotzte von Fehlern. Er berechnete gerade seine Ernte – zehn, zwölf, fünfzehn Fehler macht fünfzehn Kronen! –, da steckte Fall seinen kahlen Vollmondkopf durch die Türe, klemmte sich den »Glassplitter« ins Auge und fragte grinsend: »Na, Paulik, sind Sie heute mit mir zufrieden?«

Als Leo Fall an der ›Rose von Stambul‹ arbeitete, drängten ihn seine beiden Librettisten Brammer und Grünwald, unbedingt auch einen Walzer einzufügen. Fall sträubte sich: »In der Türkei tanzt ma doch kan Walzer. Die kennen dort nicht amal ein' Dreivierteltakt!«

Aber die beiden ließen nicht locker. Bei jeder passenden und unpassenden Gelegenheit stellten sie die stereotype Frage: »Und was is' mit dem Walzer?«

Als die drei wieder einmal zu einer Arbeitssitzung zusammenkamen, kam Fall zur Tür herein und sang, noch ehe die beiden Librettisten zu Wort kamen, spottend: »Ein Walzer muß es sein, ja ein Walzer muß es sein ...«

Da sprangen die beiden wie elektrisiert von ihren Sitzen auf und schrien: »Na Gott sei Dank, da haben wir ihn ja, den Walzer! Gleich aufschreiben ...! Und den Text haben wir auch gleich dazu ...!«

Die zwei sind verrückt geworden, dachte Fall. Dann notierte er verdutzt seinen Augenblickseinfall. Und so entstand das große Walzerduett in der ›Rose von Stambul‹, der Hauptschlager der ganzen Operette, mit dem Betty Fischer und Hubert Marischka bei der Premiere Stürme des Beifalls ernteten.

Den Text zur Kálmán-Operette ›Der Zigeunerprimas‹ schrieb der Komiker Fritz Grünbaum gemeinsam mit Julius Wilhelm. Als Kálmán den beiden am Starnberger See, wo Wilhelm Urlaub machte, zum ersten Mal die ganze Partitur vorspielte, herrschte große Begeisterung bei den Librettisten. Nur mit einer Nummer konnten sich die beiden nicht befreunden: mit dem Walzer »Du, du, du, lieber Gott, schaust zu ...« Bei der Premiere schlug dann gerade dieses Stück wie eine Bombe ein. Meinte Grünbaum nachher melancholisch: »Mein Gott, bei aner Bombe weiß ma doch nie, ob sie ane is', bevor sie platzt.«

Auch Kálmán war ein Nachtarbeiter. Weshalb er bis in die Mittagsstunden hinein nicht ansprechbar war. Während seiner Arbeit an der ›Faschingsfee‹ riß ihn eines Tages schon um 8 Uhr früh ein dringender Anruf aus dem Schlaf. Am Apparat meldete sich der Textdichter Rudolf Österreicher mit aufgeregter Stimme: »Eine Katastrophe, lieber Freund!« keuchte er durch den Draht, »alles ist hin!«

»Sie sind wahnsinnig«, unterbrach ihn Kálmán, »mich mittän in Nocht aufzuweckän!«

»Aber hören Sie doch!« keuchte Österreicher weiter, »wir sind mit der ›Faschingsfee‹ noch gar nicht fertig, und im

Kaffeehaus gegenüber spielen sie schon die ganze Musik. Ein glatter Diebstahl! Können Sie sich das erklären!?«

»Konn ich!« erwiderte Kálmán unerschüttert. »Dos wird sein einä Zigeunerkapellä, die hot gehört in Budapest meinä ›Fräulein Susi‹ und spielt jetzt nach dem Gehör ›Fräulein Susi‹. Ich hob nämlich übernommän viele Melodien von ›Fräulein Susi‹ in ›Faschingsfee‹. Und jetzt reg dich wiedär ab, gutä Nocht!«

Aber Österreicher gab sich damit nicht zufrieden. Er begab sich vielmehr in das Kaffeehaus gegenüber. Dort saß tatsächlich eine Zigeunerkapelle und fiedelte mit Macht die ›Faschingsfee‹ respektive ›Fräulein Susi‹. Er zückte eine größere Banknote, reichte sie dem Zigeunerprimas und bat ihn, künftig alles andere, nur nicht ›Fräulein Susi‹ zu spielen. Zähnebleckend sagte der Primas zu. Tatsächlich hörte Österreicher eine Woche lang von gegenüber keinen Ton aus der ›Faschingsfee‹. Aber am achten Tag waren die bekannten Melodien auf einmal wieder da.

Empört rannte Österreicher ins Kaffeehaus und stellte den Zigeunerprimas. Der schmunzelte nur: »Leidär, Bakschisch is' ausgegangän.« Die ›Faschingsfee‹ kostete den Librettisten viel Geld, berichtet die Fama.

In Berlin ging die ›Faschingsfee‹ mit der Fritzi Massary über die Bretter des Metropoltheaters und wurde zu einem Serienerfolg. Als Kálmán vierzehn Tage nach der Premiere wieder nach Berlin kam, machte ihm Direktor Schulz einen kulanten Vorschlag: »Wir sind ständig ausverkauft. Ich schlage vor, wir erhöhen die Eintrittspreise um ein Drittel. Das ergibt eine Tageseinnahme von 9000 Mark ...«

»Einverstandän«, sagte Kálmán lakonisch.

»Dafür kommen Sie uns entgegen und setzen Ihre Tantiemen von zehn auf acht Prozent herab«, setzte der Direktor geschäftig fort. »Sie profitieren dabei immer noch 120 Mark pro Vorstellung ...«

»Nicht einverstandän«, erwiderte Kálmán lakonisch.

Vergebens versuchte Schulz den Komponisten von seinem Vorteil zu überzeugen. Imre blieb hart.

»Also gut«, resignierte schließlich der Direktor verärgert, »wenn Sie durchaus nicht wollen, dann bleibt es eben bei den alten Preisen und damit basta!«

Da schmunzelte Imre vergnügt: »Das geht leidär nicht, liebär Direktor. Ich komme nämlich gerode von Kassa und habe gesehen, daß Preise schon seit drei Tagän erhöht sind!«

Das Metropoltheater hatte die ›Faschingsfee‹ so lange en suite zu spielen, als 18000 Mark in der Woche eingespielt wurden. So lautete der Vertrag mit Kálmán. Inzwischen war im Theater ein Direktionswechsel eingetreten: Auf Schulz folgte Jentsch, der sich nicht um die Vertragsklausel kümmerte, sondern nach der 300. Vorstellung eine neue Operette ankündigte.

Als Kálmán davon erfuhr, eilte er sofort nach Berlin und machte den neuen Direktor auf seine Vertragspflicht aufmerksam.

»Aber lieber Kálmán«, erklärte Jentsch großartig, »erstens ist Krieg, zweitens haben wir Inflation, und drittens sind die 18000 Mark von damals heute mindestens 40000 Mark.«

»Einverstandän«, erwiderte Kálmán, »setzän wir statt 18000 halt 40000 Mark in den Vertrag.«

»Das nützt nichts«, wich der Direktor aus, »ich muß trotzdem eine neue Operette ansetzen, die Berliner verlangen das von mir!«

Aber Imre gab nicht nach, sondern beharrte strikt auf seinem Recht. Da wurde Jentsch ungemütlich. Herausfordernd verschränkte er die Arme und schrie: »Was wollen Sie eigentlich von mir? Die Vereinbarung hat Schulz mit Ihnen getroffen, nicht ich! Mich geht das gar nichts an. Wir haben überhaupt keinen Vertrag miteinander!«

Verdutzt schaute Imre den Redner an, dann meinte er sanft: »Ja, ja, wenn das so is', da habän Sie natürlich recht ...«

»Na sehen Sie, lieber Kálmán«, triumphierte Jentsch, »da sind wir uns also einig. Und das wollen wir gleich mit einem Glas Wein begießen.«

»Geht leidär nicht«, bedauerte Imre, »muß gonz schnell noch zu meinän Advokatän ...«

Jentsch horchte auf: »Was wollen Sie denn beim Advokaten?«

»Sehr einfach ... Klagä gegän Sie einreichän. Seit Monatän spielen Sie meinä ›Faschingsfee‹ und habän gor keinän Ver-

trag mit mir! Das wird Sie einä schönä Stangä Geld kosten!«
Man einigte sich in Güte.

Paul Lincke, der Johann Strauß von Spree-Athen, Schöpfer einer autochthonen Berliner Operette und ungezählter robust-volkstümlicher Lieder, Tänze und Märsche, erzielte, sechs Jahrzehnte vor der amerikanischen Mondlandung, mit seiner burlesk-phantastischen Operette ›Frau Luna‹ im Berliner Apollo-Theater einen tollen Höhenrekord. Sein Walzer ›Schlösser, die im Monde liegen‹ machte ihn berühmt, sein Gavotte-Lied ›Glühwürmchen‹ aus der Ausstattungsoperette ›Lysistrata‹ wurde ein Weltschlager.

Eines Tages erschien bei dem arrivierten Lincke ein kleiner »Kollege« mit großer Schnauze. »Ich arbeite am liebsten in den Nachtstunden«, dozierte er großartig, »da bin ich nämlich am produktivsten!«

»Versteh' ick«, erwiderte Lincke trocken, »die meisten Diebstähle werden ja ooch nachts bejangen!«

Nach der Budapester Premiere von Kálmáns ›Zirkusprinzessin‹ traf der beliebte ungarische Gesangskomiker Latabár Arpad, der den Fürsten Sergius Wladimir gespielt hatte, den Komponisten in Wien und berichtete ihm strahlend: »Denk dir, liebär Imre, bei dem Couplet da in der Dings da Szene is' mir auf einmol Text entfollän. Fast wärä ich steckän gebliebän, aber da is' mir im letztän Augenblick la la la eingefollän, und so hobä ich gonzä Aufführung gerettät, was sagst du zu der Geistesgegänwort!?«

Kálmán war pressescheu. Journalisten ging er gerne aus dem Weg. Ein findiger Reporter wandte sich daher an Kálmáns Schwester und wollte von ihr wissen, wie denn ihr berühmter Bruder seine Erfolgsoperetten komponiere. Darauf erklärte ihm die Schwester: »Mein Bruder und seine Librettisten sitzen täglich beisammen, trinken einige Liter schwarzen Kaffee, rauchen eine Unmenge Zigarren und Zigaretten, erzählen einander Witze, politisieren, beschimpfen sich, lachen, streiten, brüllen. So geht das viele Monate lang von Tag zu Tag – und auf einmal ist die Operette fertig.«

Als Kálmán diese schwesterliche Offenbarung in der Zeitung las, stellte er melancholisch fest: »Hat – nohát – nur vergessän zu sogän, daß dazu auch gehört: ein poor tausänd Stundän Orbait!«

Karczag brachte die neuesten Operetten nicht nur auf die Bühne, er verlegte sie auch und schlug so, wenn er Glück hatte, aus einer Sache doppeltes Kapital.

Der Karczag-Verlag befand sich im vorderen Trakt des Theaters an der Wien und war der Treffpunkt sämtlicher Operettenkomponisten und Librettisten, die sich hier über die Termine und Tantiemen informierten.

Eines Vormittags begegneten einander hier Lehár und Kálmán.

»Wie geht es dir, liebär Freind?« erkundigte sich Kálmán.

»Danke, ausgezeichnet!« war die Antwort. »Ich bin gesund, habe viel zu tun und großartige Einfälle ... Und wie geht es dir?«

»Noch bessär!« erwiderte Kálmán lakonisch und angelte sich einen Mantel vom Haken.

Darauf Lehár: »Lieber Imre, Noten kannst du mir nehmen, so viel du willst, aber meinen Mantel da lass' ich mir von dir nicht stehlen!«

In einem Budapester Vorstadttheater hatte man zum ersten Mal den ›Walzertraum‹ von Oscar Straus aufs Programm gesetzt. Zum Aufputz hatte sich der Direktor für die Rolle des Leutnant Niki einen Gasttenor aus Wien verschrieben. Als der Gast ankam, traute er seinen Augen nicht. Da prangte auf dem Bahnhof ein Theaterplakat folgenden Inhalts: »Zur Erstaufführung kommt

die weltberühmte Operette von Oscar Straus

›Ein Walzertraum‹

geschrieben von Franz Lehár«

Der Tenor eilte schnurstracks zum Theaterdirektor und machte ihn auf den Lapsus aufmerksam: »Herr Direktor, was ist denn da passiert? Das ist doch ein glatter Unsinn!«

Aber der Direktor beruhigte ihn: »Liebär Freind, wir hobän in Budapest Anhängär von Oscar Straus und wir hobän Anhängär von Lehár Ferenc. Wir brauchän alle beide zwei. Kann ich mir nicht leistän, auf Lehár-Freinde zu verzichten. Also hobän wir alle beide zwei auf der die das Plakat gesetzt. Schonär Einfall, was?«

Ehe Oscar Straus mit seinem ›Walzertraum‹ weltberühmt wurde, schrieb er als musikalischer Leiter von Wolzogens »Überbrettl« allerlei Schlager fürs Kabarett. Seine Freunde rümpften die Nase: »Ein Komponist von deinem Talent und – Gassenhauer!«

»Na schön«, erwiderte Straus lächelnd, »schreib' ich halt Gassenhauer, aber ihr müßt mir zugeben: Gassenhauer für die allerfeinsten Gassen!«

Der ›Walzertraum‹ ging am 2. März 1907 im Wiener Carl-Theater zum ersten Mal über die Bühne und überflügelte fast den Erfolg der ›Lustigen Witwe‹, die am selben Abend ihre 300. Aufführung erlebte. Um Jahre später schrieb der Dichter Hermann Bahr über die berühmteste Weise des ›Walzertraums‹ »Leise, ganz leise klingt's durch den Raum ...«: »Man hört sie, und man liebt Wien mehr denn je!« Und als der dreiundachtzigjährige Straus in Ischl spazierte, begegnete ihm ein Bäuerlein mit seinem Sprößling, grüßte ehrerbietig und sagte, als Straus vorüber war, zu seinem Sohn: »Siehgst es, Bua, reiß die Augen auf, schau dir'n guat an, da geht er: der Walzertraum!«

Nach dem ›Walzertraum‹ schrieb Oscar Straus die Operette ›Der tapfere Soldat‹. Das Libretto hatte der Mitautor des ›Walzertraum‹-Textes Leopold Jacobson nach Shaws ›Helden‹ bereits verfertigt, als Shaw die Zustimmung versagte. Nun wurde Siegfried Trebitsch, der deutsche Übersetzer Shaws, der mit Jacobson befreundet war, um Vermittlung gebeten, und Shaw sagte zu unter drei Bedingungen:

1. Es darf kein Wort des Originaldialogs verwendet werden.
2. Shaw nimmt nicht einen Penny vom materiellen Ertrag der Operette.
3. Alle Programme, Textbücher und Klavierauszüge haben den Vermerk zu tragen: Unautorisierte Parodie auf Mr. Bernard Shaws Stück ›Arms and the Man‹.

Die Uraufführung der Operette am 14. November 1908 im Theater an der Wien schien Shaw recht zu geben: Sie wurde, trotz Max Pallenberg in der Rolle des Obersten Popoff, ein halber Durchfall. Erst als man das Werk in London aufgriff, begann der große Erfolg, der wie eine Springflut auf ganz Amerika übergriff, wo ›The Chocolate Soldier‹ noch den Triumph der ›Lustigen Witwe‹ überrundete. Auch Shaw erfuhr davon, und er ärgerte sich noch nach Jahren.

»Sehen Sie«, attackierte er seinen Übersetzer Trebitsch, »was Sie damals angerichtet haben. Diese Operettenkerle verdienen ein Vermögen, und ich bekomme nichts davon!« Worauf ihn Trebitsch getröstet haben soll: »Na, Mr. Shaw, Ihr Stück wird doch auch noch gespielt ...«

Kapitel V
Das verhinderte Happy-End
Von Hubert Marischka bis zum Zweiten Weltkrieg

»Nichts ist leichter, als eine Operette zu machen – man borgt sich einen Stoff und begibt sich in ein Café!«

Arthur Maria Willner, der Autor von rund drei Dutzend Büchern der silbernen Operette

»Seit bei uns das Weinen, die Psychologie und die wütenden Trennungsschmerzen aufgekommen sind, bricht den Textdichtern das Herz, wenn sie nur von weitem eine Soubrette sehen ... Wir sind eigentlich nur noch zum Ausfüllen der Pausen da.«

Luise Kartousch, die gefeierte Soubrette der silbernen Ära

Hubert Marischka, der Sohn eines »k.k. Hofvergolders und Spalierers«, wurde von Victor Léon in Brünn entdeckt und an Karczag und Wallner empfohlen. Am 5. September 1908 stand er als Peperl in ›Wiener Blut‹ erstmals auf den Brettern des Theaters an der Wien. Zwei Monate später wurde er von Wallner wegen »Talentlosigkeit« gekündigt. Obwohl Karczag erklärte: »Meinä Hälftä von Marischka hot Talent!«

Der junge Mann ging ans Carl-Theater, wo er fleißig Louis Treumann kopierte und nebstbei Léons Tochter Lizzi heiratete, worauf die ›Bombe‹ suffisant feststellte: »Papa Léon verzeihe uns, aber sein Schwiegersohn, Herr Marischka, wird wohl der hübschen Frau Lizzi ein treuer Mann, aber niemals ein Treumann sein.«

Und ein anderer Kritiker schlug vor: »Herr Marischka sollte doch weniger Herrn Treumann als seine Partie spielen.«

Hubert wurde kein Treumann, er wurde – und das war weit mehr – *der* Marischka, Inbegriff und »unwiderstehlicher

Held aller Operettenträume«, Bonvivant und Charmeur, Herr und Mittelpunkt der letzten glanzvollen Operettenära im Theater an der Wien, der alle Strahlen dieser silbernen Spätblüte auf seine Person vereinte. Er heiratete, nach Lizzis frühem Tod, die Tochter seines Direktors, wurde Mitdirektor, dann Karczags Nachfolger und sein glänzendster eigener Regisseur. »Die blutigste Kritik«, so stellte der Journalist Ludwig Ullmann fest, »muß dreifachen Salut schießen: dem Direktor Marischka, dem Regisseur Marischka, dem Tenor Marischka!«

Der tüchtige Direktor Marischka holte sich seinen eigenen Konkurrenten, Richard Tauber, ins Haus, brachte die Jeritza und Alfred Piccaver als Gäste vor die Rampe und Erich Wolfgang Korngold ans Dirigentenpult und gebot schließlich – inmitten der ärgsten Wirtschaftskrise – über drei (glänzend geführte) Wiener Bühnen.

»Alles auf dieser Welt und in dieser Zeit ist unsicher und ungewiß«, konstatierte die Wiener Presse. »Nur eine neue Operette im Theater an der Wien ist etwas absolut Gewisses und Sicheres!«

Als Anton Paulik in Budapest Richard Taubers Operette ›Der singende Traum‹ dirigierte (mit dem Komponisten und der rassigen Zsazsa Gabor in den tragenden Rollen), rief er seinen alten Lehrer Zoltan Kodaly an, um ihn zu begrüßen. Ein Rendezvous wurde vereinbart. Kodaly kam mit seiner Gattin Emma, und man spazierte durch die Weizenstraße, die »Kärntnerstraße« von Budapest. Im Gespräch bemerkte Frau Emma: »Ach, da kommt uns Franz Lehár entgegen. Gehen wir auf die andere Seite!« Kodaly widersprach. Es war auch schon zu spät. Lehár hatte sie bereits entdeckt. Begrüßung, wobei sich Frau Emma ersichtlich reserviert verhielt. Kodaly wollte vermitteln und begann die Konversation: »Wir haben gerade von Ihnen gesprochen. Meine Frau schätzt Ihre Musik sehr.«

Wie zur Bestätigung begann Frau Emma zu singen: »Das ist die Liebe, die dumme Liebe ...«

Meinte Lehár, nachsichtig lächelnd: »Das ist aber nicht von mir, sondern von Kálmán!«

Darauf Kodaly: »Trösten Sie sich, meine Frau verwechselt mich auch immer mit Bela Bartók!«

Viele Jahre später hatte Kálmán ein ähnliches Erlebnis. Auf der Flucht vor dem »Dritten Reich« war er eben dabei, die mexikanische Grenze zu überschreiten, als ihm der Grenzer mit gestrengem Blick sein Ausreisepapier unter die Nase hielt: Dort stand statt Kálmán Imre, der ungarischen Bezeichnung für Emmerich, Kalman Irma – eine offenkundige Fehlleistung der ausstellenden Behörde. Vergebens versuchte Kálmán, der kein Wort englisch sprach, den Irrtum aufzuklären. Schließlich zog er einen Programmzettel der ›Csardasfürstin‹ aus dem Koffer, wies mit dem Finger auf seinen Namen und erklärte: »Emmerich is Imre, Imre is Irma!«

Da ging dem Grenzer ein Licht auf. Er hieb dem Fremden kräftig auf die Schulter und schrie: »Ouh, the famous composer, I know ...!!«

Und er begann sofort eine Melodie zu grölen.

»Pardon, ein kleinär Irrtum ...«, unterbrach ihn Imre.

»Ouh yes, with your name, I understand, Mister Kálmán ..., you wrote this wonderful song ...«, und er schmetterte einen neuen ungarischen Schlager vor sich hin.

»Entschuldigän Sie, eine Kleinigkeit ...«, wollte Kálmán einwenden, aber der Mann fiel ihm ins Wort: »Already okay!«, und er hielt ihm strahlend das korrigierte Ausweispapier entgegen. »Emmerich Kálmán – at your excellent waltz I have met my wife!«

Er intonierte einen Walzer, hieb dem Komponisten noch einmal kräftig auf die Schulter und rief: »Emmerich Kálmán for ever!«

»Sehr liebänswürdig«, erwiderte Kálmán etwas geknickt. »Aber die Melodiän, die Sie gesungän haben, sind alle von Lehár ...«

Der junge Richard Tauber sang noch unter Karczags Direktion im Theater an der Wien den Barinkay im ›Zigeunerbaron‹. In der Pause rief Karczag aus Gutenstein, wo er auf Kur weilte, den Kapellmeister an: »No, Paulik-Bacsi, sogän Sie mir, wie wor's?«

»Großartig, blendend«, berichtete Paulik, »das Publikum hat getobt!«

»Ausgezaichnet, Paulik! Und jetzt schaun Sie, daß Sie noch gutän drittän Okt hinlegän!«

»Aber nein, jetzt kommt doch erst der zweite Akt«, erwiderte Paulik.

»Wos haißt zweitär Okt?!« schrie Karczag ins Telephon, »is' doch schon bainohe holbzehn!«

»Na ja, der Tauber hat das Entree-Lied viermal gesungen«, erklärte Paulik.

»Sind Sie wohnsinnig? Wär hot ihm denn dos ärlaubt?!«

»Das Publikum hat es verlangt!«

»Wenn Publikum den Taubär noch ainmol höran will, dann soll gäfälligst noch ainmol Kortä kaufän!!«

1924 brachte Hubert Marischka im Theater an der Wien die Neubearbeitung der Johann Straußschen ›Nacht in Venedig‹ von Erich Wolfgang Korngold zum erstenmal auf die Bretter. Korngold, der selbst dirigierte, litt an Lampenfieber, das sich am Premierenabend derart steigerte, daß er kurz vor Beginn der Vorstellung dringend einen gewissen kleinen Ort aufsuchen mußte. Das Zeichen zum Beginn war längst gegeben, aber der Dirigent erschien nicht.

Wütend kam Marischka hinter die Bühne gerannt und rief: »Zum Teufel, warum fangen wir denn nicht an?!«

»Weil der Herr Korngold no a Sitzung hat«, erklärte der Inspizient und deutete mit dem Daumen auf die gewisse Tür.

»Unmöglich!!« donnerte Marischka, stürzte zur Tür und riß sie auf. Da saß Korngold seelenruhig und fragte höflich: »Und wann, Herr Direktor, darf ich Ihnen einen Gegenbesuch machen?«

Man studierte im Theater an der Wien die Uraufführung von Lehárs ›Frasquita‹ ein. Emil Gutmann führte Regie. Bei der zweiten Hauptprobe erschien Karczag und sah sich den 3. Akt an, der in einer belebten Hotelhalle spielt.

»Sogän Sie, Gutmann, wos mochän die gonzän Leutä do?« wollte der Direktor wissen.

»Das sind vierzig Statisten, die als Hotelgäste fungieren«, erklärte der Regisseur.

»Wos kostän die?«

»Eine Krone pro Mann und Nase.«

»Mocht vierzig Kronän pro Obänd«, berechnete Karczag. »Kommt nicht in Frogä, die Statistän werdän gestrichän!«

»Aber Herr Direktor«, versuchte sich Gutmann zu wehren, »das ist ein Nobelhotel, wo die Gäste aus und ein gehen!«

»So?« replizierte Karczag, »dann lossän Sie sich sogän, Gutmann: in dem Hotel wird schlecht gekocht. Dos hat sich herumgesprochän. Die Gästä bleibän aus. Nur dos Liebäspaar kommt. Die brauchen nix zum essän!«

Bei den letzten Proben meinte Hubert Marischka zum Komponisten: »Im 2. Akt fehlt eine zündende Nummer, Franz, die mußt du noch schreiben!«

Und als sich Franz sträubte, schlug er vor: »Dann nimm halt eine alte Nummer von dir, und wir textieren sie!« Empört lehnte Lehár dieses Ansinnen ab.

Also ging Marischka in den Boheme-Verlag und ließ sich alle Schallplatten mit Einzelnummern von Lehár vorspielen, die man dort hatte. Eine davon wählte er aus und schrieb dazu gemeinsam mit dem Librettisten Heinz Reichart den Text: »Hab' ein blaues Himmelbett ...«

Als er das Lied in die nächste Probe mitbrachte, wurde Lehár ungemütlich und drohte, die ganze Operette zurückzuziehen.

Aber Marischka ließ sich nicht beirren. Er sang das Lied bei der Premiere und mußte es viermal wiederholen. Das Publikum tobte.

In der Pause kam Lehár in seine Garderobe gestürmt: »Hubsi, du bist ein Teufelskerl!«

Gelassen erwiderte Marischka: »Ich bekomm' 100 Schilling von dir ... Soviel hab' ich nämlich für das Lied bezahlt. Ich überlasse es dir kulanterweise zum Selbstkostenpreis.«

Karczag suchte Choristinnen fürs Theater an der Wien. Unter den schriftlichen Bewerbungen, die eintrafen, fand er auch den Brief einer Dame, die ein leckeres Foto beigelegt hatte. Er bestellte sie für Mittwoch um 12 Uhr. Die Dame erschien pünktlich wie die Uhr. Karczag sah auf und konstatierte bedauernd: »Leidär, Gnädigstä, Sie sind gekommän zu spät ...«

Und als die Dame protestierte: »Wieso, Herr Direktor, es ist doch gerade Punkt zwölf ...?« erklärte er: »Sie hätten kommän sollen damals, als Sie sich hobän fotografierän lossän ...«

Karczag wurde auf dem Hietzinger Friedhof in Wien eingesegnet und begraben. Unter den Trauergästen befanden sich neben Anton Paulik auch der Librettist Rudolf Österreicher und der scharfzüngige Direktor des Johann-Strauß-Theaters Erich Müller. Als die Grabreden beendet waren und der Sarg in die Grube hinabgelassen wurde, raunte Müller seinem Nachbarn zu: »Ein historischer Augenblick, Paulik, jetzt wird der Karczag zum ersten Mal hereingelegt ...«

Anton Paulik dirigierte in Leipzig eben eine sensationelle Erfolgsserie von Paul Abrahams neuester Operette ›Viktoria und ihr Husar‹ zu Ende, als ihn Kálmán telegrafisch auf ein paar Tage nach Wien bat, um ihm seinen ›Teufelsreiter‹ vorzuspielen, den Paulik im nächsten Frühjahr im Theater an der Wien aus der Taufe heben sollte.

Paulik kam, suchte den Meister in seiner Wohnung neben dem Burgtheater auf und bekam zuerst eine üppige Jause und dann den Klavierauszug des ›Teufelsreiter‹ serviert.

»Haben Sie auch schon etwas instrumentiert?« wollte Paulik wissen.

»Hob' ich, werdä ich Ihnen gleich zeigän, Tony ... Aber sogän Sie zuerst: Sie hobän doch diesen Abraham dirigiert, wos is' dos für einä Musik?«

»Eine großartige Musik«, gab Paulik Auskunft, »die Schlager pfeifen ohnedies schon überall die Spatzen von den Dächern, auch in Wien. Kennen Sie sie nicht?«

»Nein, kennä ich nicht!« Kálmán schüttelte melancholisch den Kopf. »Aber wenn Sie es sogän, dann wird's schon stimmen ...«

Damit öffnete er seinen Barockschrank, um nach seinem instrumentierten ›Teufelsreiter‹ zu greifen, und herauspolterte ein funkelnagelneuer Klavierauszug. Paulik hob ihn auf und las: »Paul Abraham, Viktoria und ihr Husar.«

»Téremtete!« wetterte Kálmán erstaunt. »Versteh' ich nicht, wie kommt dos in meinen Kastän herein ...!?«

Paul Abraham, in Ungarn geboren und mit seinen Werken ›Viktoria und ihr Husar‹, ›Die Blume von Hawaii‹ und ›Ball im Savoy‹ in der ganzen Welt bekannt geworden, galt in seiner Heimat als der höflichste Operettenkomponist. Sein Landsmann, der ungarische Kritiker Imre Harmath, hat das so definiert: »Paul Abraham ist derart höflich, daß er in größte Verlegenheit kommt, wenn er allein aus einem Zimmer gehen muß. Er weiß dann nicht, wem er bei der Türe den Vortritt lassen soll.«

Der wohl einzige Fall eines Theater-, Film- und Operettenlieblings, der mit einem pickfeinen Künstlernamen auf die Welt kam, sich als Künstler einen ganz gewöhnlichen Namen zulegte und mit ihm weltberühmt wurde, ist – Hans Moser. Er wurde als Sohn einer Wienerin und eines ungarischen Vaters französischer Herkunft auf den Namen Jean Julier getauft. Seinem Lehrer Josef Moser zu Ehren, der vier Jahrzehnte lang Burgtheatermime war, nannte er sich Hans Moser. 1924 entdeckte ihn Hubert Marischka für die Wiener Operette, deren silberne Ära schon etwas Patina anzusetzen begann.

Seit sich in der ›Lustigen Witwe‹ am Ende des 2. Aktes das Liebespaar zerstritt, um sich erst im 3. Akt wieder in die Arme zu fallen, war dieser Schlußakt problematisch, weil spannungslos: Das Publikum wußte ja schon, was kommen würde. »Boy meets girl, boy loses girl, boy gets girl«, lautete die amerikanische Formel für die dramaturgische Schablone der Silber-Operette.

In dieser Situation verschrieben sich Marischka und sein Team dem jungen Moser als Rettungsengel, mit der Mission, den anämischen 3. Akt humoristisch aufzumöbeln. Tatsächlich wurde sein böhmakelnder Kammerdiener Peniček in der Premiere der ›Gräfin Mariza‹ vom 28. Februar 1924 im Theater an der Wien ein Bombenerfolg, und von da ab riß die Serie seiner klassisch gewordenen moldauisch-danubianischen Domestikentypen auf der Operettenbühne nicht mehr ab. Auf Peniček folgten, gleichfalls im Theater an der Wien, 1925 in Granichstaedtens ›Orlow‹ der Logenbilleteur und 1926 in Kálmáns ›Zirkusprinzessin‹ der Oberkellner Pelikan …

»Na ja«, erklärte Hans Moser in einem Pressegespräch, »mei halb's Leben hab'n mi die klan Diener am Theater verfolgt. Z'erst war'n s' mei Unglück, jetzt san's halt mei Glück.«

Als Hans Moser einmal von einem exotischen Gastspiel mit

einer Wiener Operettentruppe verfrüht heimkehrte und ein Reporter den Grund wissen wollte, erklärte ihm Moser: »Ja seh'n S', die hab'n uns mit faule Straußeneier beworfen, und des halt' auf die Dauer ka Mensch aus ...«

Bei einem Faschingswettbewerb für die beste Moser-Parodie beteiligte sich »der Hetz halber« Hans Moser selbst inkognito, nämlich maskiert, und – erhielt nur den dritten Preis. Meinte er nachher zu den verblüfften Juroren: »Na ja, im Parodieren war i immer schwach. Aber daß i net amal den Moser z'sammbring' ... ja, was wird denn da der Moser sag'n!?«

Die Hausse in der Verleihung österreichischer Professoren-Titel quittierte der Wiener Volksmund mit dem Sprüchel: »Früher oder später, Professor wird a jeder!«

Als Hans Moser von einem Freund telefonisch verständigt wurde, man habe auch ihn zum Professor gemacht, erwiderte Moser teilnahmsvoll: »Mach dir nix draus, lieber Freund! I glaub', es kommt eh bald a Amnestie!«

In dem Film ›Schrammeln‹ verkörperte Hans Moser den klassischen Kontra-Gitarristen des legendären Quartetts Anton Strohmayer. Als bei der Probe Noten aufgelegt wurden, griff Moser resolut zur Gitarre und entschied: »Also, geh'n ma's glei' an!«

Verblüfft fragte ihn Paul Hörbiger, der den Hans Schrammel mimte: »Ja, kannst du vom Blatt spiel'n?«

»Was glaubst denn?« erwiderte Moser mit beleidigter Grandezza.

Man begann zu spielen, und Moser griff mächtig, aber falsch in die Saiten. Hans Schrammel-Hörbiger unterbrach und stellte lakonisch fest: »Grauslich!«

Moser überhörte die Attacke und stimmte heftig seine Saiten. Aber Paul ließ nicht locker: »Und der behauptet, er kann vom Blatt spiel'n!«

Da wuchs Moser um Haupteslänge und erklärte herablassend: »Freili' kann i vom Blatt spiel'n! Aber halt net glei beim ersten Mal!«

Als Hans Moser einmal eine einflußreiche Persönlichkeit,

die ihm schon öfter begegnet war, nicht gleich erkannte, rechtfertigte er sich mit den Worten: »Müssen scho entschuldig'n. Aber i hab' so a schlecht's Personengedächtnis. I bin scho froh, wenn i mei Alte erkenn'!«

Einmal wurde Hans Moser gefragt, ob ihn die vielen »falschen« Moser-G'schichterln, die man sich so erzählt, nicht giften. »Aber gehn S'«, war die Antwort, »Spaß muß sein. Wer kan Spaß versteht, der versteht a kan Ernst. Nur guat erfunden sollten s' halt sein. Denn das ist klar: Nur dann, wenn das, was i g'sagt oder g'macht haben soll, a guat erfunden is', dann hab' i's wirklich g'sagt oder g'macht!«

Moser mochte Autos nicht. Er benützte lieber die Straßenbahn. Als er wieder einmal die Wiener Tramway bestieg, ließ er seine Frau niedersetzen, er aber zog sich auf die Plattform zurück, um unbemerkt zu bleiben. Das nützte aber nichts. Bald hatte man ihn entdeckt und gab die Neuigkeit raunend weiter: »Ham S' scho g'segn? Der Moser!«

Frau Moser ignorierte das Getuschel standhaft. Da stieß sie ihre Nachbarin an und zischte aufgeregt: »Schaun S' hin, des is' der Moser!«

Frau Moser sah zu ihrem Gatten hin, dann erwiderte sie lakonisch: »Den mag i net!«

In ein Flugzeug war Moser überhaupt nicht hineinzukriegen. In jeden seiner Verträge fügte er den Passus ein: »Fliegt nicht.« Alle Versuche, ihm die Vorzüge des Luftverkehrs beizubringen, blieben vergebens. So kam er wieder einmal in Begleitung seiner Frau mit dem D-Zug in Berlin an. Dort gab es den üblichen »großen Bahnhof« mit Presse, Rundfunk, Fernsehen etc. Ein besonders cleverer Journalist machte sich an die Gattin heran und fragte sie: »Och, sajen Se mal, Madam, wat hat denn Ihr Jemahl for'n Hobby?«

Darauf Frau Moser: »Fliegen!«

Anläßlich eines Empfanges beim griechischen Königspaar wurde der betagte Hans Moser von Königin Friederike, die ihn sehr schätzte, persönlich betreut und bemuttert. Als sie ihm mit freundlichen Worten ein Glas Champagner kredenzte, wehrte Moser bescheiden ab: »Dank' schön, Majestät, aber in mein' Alter soll ma so was Kaltes nimmer trinken.«

Da nahm die Königin das Glas in beide Hände und wärmte es, während sie weiter plauderten. Nach einer Weile fragte sie: »Glauben Sie, daß er jetzt schon warm genug ist?«

»Kann schon sein«, erwiderte Moser skeptisch, »aber besser wär's, Ihre Majestät probieren's mit 'n Finger.«

Am Vorabend zum Heiligen Abend des Jahres 1932 ging im Theater an der Wien Fritz Kreislers ›Sissy‹ zum ersten Mal in Szene. Ernst und Hubert Marischka hatten das Buch geschrieben. Nach den ersten Vorbereitungen mußte der berühmte Geiger auf Konzerttournee nach Amerika. Vor seiner Abreise schlug Hubert Marischka vor: »Lieber Freund, wollen Sie nicht bei der Premiere im Zwischenakt Ihr köstliches ›Caprice Viennois‹ auf der Geige spielen? Das wäre ein Schlager!«

Aber Kreisler winkte bescheiden ab: »Erstens werde ich bei meiner ersten Theaterpremiere viel zu aufgeregt sein und zweitens: fragen Sie doch, ob Professor Malcher noch lebt, der spielt das viel besser als ich.«

Als Kreisler zu den letzten Proben wieder nach Wien kam, betrat er gerade in dem Augenblick das Theater, als eben das ›Caprice Viennois‹ erklang. Kreisler nickte erfreut: »Also haben Sie doch Professor Malcher gefunden!«

Dann bat er den Kapellmeister Anton Paulik zu sich und sagte: »Lieber Herr Paulik, würden Sie die Güte haben und Professor Malcher veranlassen, daß er die eine Stelle – Sie wissen schon, welche ich meine – ein wenig langsamer spielt!«

Verlegen erwiderte Paulik: »Verehrter Meister, für mich spielt Professor Malcher so herrlich, daß ich ihm das unmöglich sagen kann.«

Kreisler lächelte verständnisvoll: »Gut, dann werde ich es ihm sagen!«

Er ging mit Paulik zum Dirigentenpult und begrüßte den alten Konzertmeister herzlich: »Ihre Geige hat einen wundervollen Ton ... eine echte Stainer, wenn ich nicht irre? Darf ich sie einmal probieren?«

Stolz reichte ihm Malcher sein Instrument. Kreisler setzte den Bogen an und – spielte das ›Caprice Viennois‹. Dann ging die Probe weiter. Mann begann wieder von vorne. Kreisler hörte gespannt zu. Als die bewußte Stelle kam, neigte er sich lächelnd zu Marischka und stellte befriedigt fest: »Sehen Sie, jetzt spielt er sie richtig!«

Mit ›Paganini‹, ›Friederike‹ und vor allem mit dem ›Land des Lächelns‹ trat Lehár als sein eigener Nachfolger in eine neue Phase ein und schuf den angestrebten Typ der »ernsthaften« Operette mit dem Verzicht auf das Happy-End und dem Ausklang in Moll ...

Erstaunlich, daß dieser Typ, der das Wesen der klassischen Operette, ihre Grundeigenschaften – Frohsinn und Optimismus, Heiterkeit und Leichtfertigkeit – glatt unterschlug, überhaupt reussieren, ja weit mehr: die Welt erobern konnte. Erstaunlicher noch, daß gerade das ›Land des Lächelns‹ den gigantischen Welterfolg der ›Lustigen Witwe‹ wiederholen konnte, jenes Werk, das aus einer alten verschnittenen ›Gelben Jacke‹ geschneidert war, die seit sechs Jahren in der Versenkung lag.

Als die ›Gelbe Jacke‹ am 9. Februar 1923 im Theater an der Wien mit Hubert Marischka als Sou-Chong, Betty Fischer als Lisa und Luise Kartousch als Mi zum ersten Mal in Szene ging, gab es einen glanzvollen Durchfall.

»Alle neuen Operetten wollen der ›Götterdämmerung‹ Konkurrenz machen«, stellte Ernst Decsey mißvergnügt fest, und ein anderer Kritiker schrieb: »Lehár hat sein Herz an die Oper verloren. In den komischen Zutaten erweist sich dieses Reich der Mitte als ein Reich der Mittelmäßigkeit, aber offenbar gehört das mit zum ethnographischen Problem des Librettisten Victor Léon, der zeigen wollte, daß nach Peking verschlagene gemütliche Wiener nichts zu lachen haben... Lehár hat mit der ›Gelben Jacke‹ sozusagen seinen ›Monsieur Butterfly‹ geschrieben. Hoffentlich schreibt er bald wieder eine Operette!«

Dazu kam noch ein zweites Unbehagen. Man fand die chinesisch-wienerische Mischung verwunderlich, wenn nicht bedenklich. Man war irritiert, daß sich die Wiener Kommerzialratstochter »in Herrn Sou-Chong verliebt, seinetwegen plötzlich von der Verlobung zurücktritt, dem demütig und sanft lächelnden gelben Jüngling Avancen macht und sich von ihm küssen läßt« (als ob nicht schon Desdemona sich von Othello hatte auf offener Bühne küssen lassen!).

»Es ist richtig«, so bemerkte die Presse ironisch, »die heutigen Frauen schwärmen nicht mehr für grüne Jungen, aber gleich für gelbe ...!?«

Hauptschuld trug das Happy-End, das es in der ›Gelben Jacke‹ noch gab. Als sechs Jahre später die beiden Librettisten *Fritz Löhner-Beda* und *Dr. Herzer* auf Lehárs Wunsch die ›Gelbe Jacke‹ wieder hervorholten, um daraus das ›Land des Lächelns‹ zu schneidern, da fiel vor allem das Happy-End ...

Im übrigen witterte Löhner-Beda die große Tauber-Rolle, und seine Witterung gab ihm recht. Er soll es auch gewesen sein, der ganz am Ende der ›Gelben-Jacke‹-Partitur den Schlager aller Richard-Tauber-Schlager fand, jene schmelzende Des-Dur-Weise von sechzehn Takten, denen er die Worte unterlegte: »Dein ist mein ganzes Herz« und die Lehár nun zur Grundmelodie der neuen Operette erhob.

Bei der Uraufführung am 10. Oktober 1929 im Berliner Metropoltheater mußte sie Tauber viermal, bei der Erstaufführung im Theater an der Wien, die ein Jahr später stattfand, mußte er sie fünfmal singen. Das Publikum tobte, der Erfolg nahm in beiden Fällen »exzessive Formen« an. Dort wie hier dirigierte Lehár persönlich, war Vera Schwarz Taubers Partnerin. In Wien führte Direktor Marischka Regie und bot eine derart üppige Inszene, daß der anwesende chinesische Gesandte mit respektvoller Ironie meinte: »So chinesisch schaut es in ganz China nicht aus!«
Die Welterfolge des späteren Lehár sind ohne Richard Tauber nicht denkbar. ›Paganini‹, ›Der Zarewitsch‹, ›Friederike‹ und besonders ›Das Land des Lächelns‹ sind vom sinnlichen Timbre dieser betörenden Tenorstimme kaum abzulösen. Tauber war um zwanzig Jahre jünger als Lehár. Mit fünfunddreißig begegnete er zum ersten Mal dem Meister. Es war eine Liebe auf den ersten Blick. »Tauber und ich, wir sind Brüder, ohne den Luxus der Blutsverwandtschaft«, stellte Lehár fest, und vom Organ des Sängers bekannte er: »... die Stimme, die ich beim Komponieren höre.«

Lehár, im und mit dem Orchester aufgewachsen, war ein Meister der Instrumentation, der nicht am Klavier, sondern gleichsam am Orchester komponierte. Während in Berlin die ›Friederike‹ in die letzten Proben ging, wurde in einem andern Theater der Rotter-Bühnen die Operette eines jungen Komponisten probiert. Eine Stelle erwies sich als zu spröd im Klang, und der Kapellmeister legte dem jungen Mann nahe, sie neu zu instrumentieren.

»Gut«, meinte der Komponist, »lassen Sie, bitte, die Stimmen einsammeln, ich werde heute nacht daran arbeiten und bringe sie morgen früh wieder.«

Da erhob sich Direktor Rotter im Parkett und rief: »Wat denn, wat denn?! Einsammeln, arbeiten, morjen?! Jestern hab' ick den Lehár probieren jesehen ... der instrumentiert gleich am Pult – auf Zuruf!«

Als es offenkundig wurde, daß Lehár das Liebespaar Goethe und Friederike Brion auf die Operettenbühne bringen und die beiden Direktorenbrüder Alfred und Fritz Rotter das Opus mit Richard Tauber und Käthe Dorsch in den Hauptrollen auf den Brettern ihres Metropoltheaters glanzvoll in Szene setzen würden, da ging ein heftiges Rauschen durch den Berliner Blätterwald. Es gab Protestkundgebungen und öffentliche Anschläge, die Schluß mit der »Ver-Rotterung« des Theaters forderten. In Wien aber hängte eine Buchhandlung demonstrativ die Ankündigung in ihre Auslage: »Hier werden *keine* Textbücher zu ›Friederike‹ verkauft!«

Der »rasende Reporter« Egon Erwin Kisch stöberte eine uralte Nachfahre der Friederike von Sesenheim auf und veröffentlichte ihre Erinnerungen an den jungen Straßburger »Schnösel«, der »ihr den Kopf verdreht« hat: »Dann ist er eines Tages ausgeblieben – und kein Mensch hat jemals wieder etwas von ihm gehört!«

Als man Käthe Dorsch die Rolle der Friederike antrug, meinte sie lachend: »Von Tauber angesungen zu werden und dafür noch Gage zu bekommen ist einfach prima« – und forderte 1000 Mark pro Auftreten.

Zur ›Friederike‹-Premiere versammelte sich ein wahres Massenaufgebot an Prominenz: vom Prinzen Hohenlohe bis Heinrich Mann, von der Gattin des Reichsaußenministers Stresemann bis zu Henny Porten, von Geheimrat Hugenberg bis Albert Einstein ...

Als nach dem Ende ein verärgerter Besucher knurrte: »Na ja – trotz des wilden Premierenrummels – ein glatter Durchfall!«, da erwiderte ein anderer Logengast: »Stimmt, mei Jutster! Wetten wa, dat der Lehár damit mindestens noch fünf- bis siebenhundertmal durchfallen wird?!«

Drei Monate nach der Premiere war ›Friederike‹ das meistgespielte deutsche Bühnenstück ...

In Kálmáns ›Teufelsreiter‹, der 1932 im Theater an der Wien mit Hubert Marischka in der Titelrolle (und als Regisseur) sowie den Damen Anny Coty, Mimi Shorp und Lil Dagover (als Kaiserin Elisabeth) zum ersten Mal in Szene ging, hatte sich Marischka ein besonderes Bravourstück zurechtgelegt. In der Titelfigur, deren Urbild der legendäre Parforce-Reiter Graf Moritz Sándor war, ritt er allabendlich mit einem feurigen Renner eine Schloßtreppe empor, machte oben kehrt und galoppierte unter dem tosenden Beifall des Publikums wieder hinunter. Eines Abends nun blieb der Gaul mit dem Huf hängen, und der Teufelsreiter flog in hohem Bogen auf die Bretter. Entsetzen im Publikum. Marischka erhob sich, rieb sich seine Kehrseite, breitete die Arme aus und verkündete großartig: »Separateinlage: der Bodenreiter, meine Damen und Herren! Aber die Einlage findet nur heute statt!«

Lachen, tosender Beifall. Die Situation war gerettet.

In der Pause traf Marischka hinter der Bühne den Komponisten. Kálmán schmunzelte und meinte: »Liebär Freind, du kannst so gut reitän, wie der Sándor Moritz gesungän hot!«

Worauf der Teufelsreiter erwiderte: »Weißt du, Imre, was mir einmal ein Pferdekenner gesagt hat? Rösser sind böse Viecher. Vorn sind sie gefährlich, hinten sind sie gefährlich und in der Mitte unangenehm ...«

Um diese Zeit schmückte ein prominentes Wiener Kaffeehaus in der Kärtnerstraße seine Auslage mit zwei Porträtfotos, darunter stand zu lesen: »Zwei beliebte Österreicher.« Das eine Foto zeigte Hubert Marischka, das andere – Engelbert Dollfuß.

»Und da soll no aner sag'n, Österreich is' ka Operettenstaat!« knurrte ein Passant und trollte sich schnell.

Ralph Benatzkys Operette ›Axel an der Himmelstür‹ wurde 1936 von Direktor Arthur Hellmer, der das Erbe Hubert Marischkas angetreten hatte, zur Erstaufführung im Theater an der Wien erworben. Für die Titelrolle stand Max Hansen fest, aber seine Partnerin, die Diva, wurde noch gesucht. Hansen schlug eine schwedische Sängerin vor, die in ihrer Heimat bereits ein Begriff sei: Zarah Leander. Hellmer, der den Namen noch nie gehört hatte, wollte keine Katz im Sack kaufen und wandte sich schriftlich an den Direktor der Stockholmer Oper, Forsell, mit der Bitte um Auskunft.

Die Antwort kam postwendend:

»Zarah Leander ist nicht nur eine bildschöne, rassige Frau, sondern auch eine bestechende Sängerin mit einer charaktervollen, faszinierenden, dunklen Stimme, dazu eine schauspielerische Begabung von eindringlicher Qualität. Sie verkörpert den heute so rar gewordenen Typ der damenhaften Diva. Ich kann sie nur wärmstens empfehlen. Sie können die Rolle nicht besser besetzen.

Ihr Forsell

Postskriptum: Im übrigen ist die Dame meine Schwiegertochter.«

So kam es – am 1. September 1936 – zum Wiener Debüt von Zarah Leander und zu ihrem ersten Auftritt in deutscher Sprache. Bei den Proben erwies sich, daß die Dame mit dem melancholischen Kontraalt beim Singen nicht die Vokale, sondern die nasalen Konsonanten bevorzugte. Um ihr das abzugewöhnen, gab ihr Direktor Hellmer einen eigenen Sprechlehrer bei. Zarah war gelehrig und zeigte bei der Generalprobe, was sie profitiert hatte. Aber bei der Premiere war alles wieder vergessen.

»Gebunnndene Hännnde, das ist das Ennnde jeder verliebtennn Passionnn«, sang die Leander, und das Publikum raste. Eine Manier wurde zum Welterfolg.

Im 2. Akt trug die Leander ein atemberaubendes Negligé, das bald in aller Munde war. *Karl Farkas* meinte, als er sie sah: »A hungriger Säugling möcht' wahnsinnig werden!«

Fritz Grünbaum stellte melancholisch fest: »Zwa Sachen kann s' damit kriegen: entweder an Mann oder an Schnupfen!«

Die Kollegen aber zogen das Resümee und konstatierten: »Jetzt wiss' ma's, von dem Dekolleté hat das Stück sein' Namen. Denn da sieht ma von der Achsel bis zur Himmelstür!«

Bei der Hauptprobe kam es zu einem kleinen Zwischenfall. Der 2. Akt spielt in einem Hotelappartement, wo sich verdächtige Dinge ereignen. Der Hoteldirektor, der den Schauplatz betritt, um nach dem Rechten zu sehen, hat nur einen einzigen, aber für den Fortgang der Handlung entscheidenden Satz zu sagen. Felix Knüpfer, noch jung an Jahren, spielte den Direktor. Er hatte den Satz ungezählte Male memoriert. Als er ins Appartement eindrang, stand dort die Zarah, erstmals wie vorgeschrieben im tiefen Negligé. Knüpfer erstarrte, schaute entgeistert auf das üppige Dekolleté der Dame, wurde abwechselnd bleich und rot, begann zu stottern, drehte sich um und sagte schließlich resigniert: »Und da soll einer ein' Satz herausbringen!«

Als die Leander um viele Jahre später als ›Madame Scandaleuse‹ in Peter Kreuders Musical im Wiener Raimund-Theater auftrat, fand sie in ihrer Garderobierin Fini Marik eine hingebungsvolle Verehrerin. Zum Zeichen ihrer Bewunderung nannte Fini die Künstlerin »Frau Madame« und badete sie förmlich in ihren Triumphen. Als die Zarah wieder einmal besonders in Form war, stellte sie die Partner ihrer Herrin herausfordernd mit den Worten: »Was, da schaut's?! Heut brummt s' euch wieder alle nieder!«

Zum Ensemble rund um die Leander gehörte auch der junge Operettenbuffo Peter Hey, den Hellmer kurz zuvor an sein Theater verpflichtet hatte. Nun herrschte an der Wien als Portier ein weibliches Unikum namens Pepi Kaufmann, die nicht nur einen wundertätigen Tee zu kochen verstand, sondern auch eine Bude bewohnte, deren Wände gepflastert waren mit Widmungsbildern aller Operettengrößen von Girardi bis Betty Fischer. Hey wußte, was sich gehört, machte der Pepi seine Aufwartung, trank seinen Tee und bewunderte gebührend die phantastischen Widmungen. Als er anschließend Direktor Hellmer im Haus begegnete, ergab sich folgendes Gespräch:

»Herr Direktor, die Bude von der Kaufmann ist ja das reinste Theatermuseum!«

»Was, Sie waren schon bei der Pepi im Zimmer?«

»Ja, warum denn nicht?«

»Gratuliere! Sie sind anerkannt!«

Das zweite Original im Theater an der Wien war der Garderobier Forst, trotz seines Namens an der Moldau geboren. Als er Peter Hey den ersten Frack anmaß, der gleich wie angegossen saß, was der schlanke Buffo entsprechend würdigte, meinte Forst wegwerfend: »No ja, du mit deine Apollo-G'stell, das ise kane Kunst nicht, aber die ausg'fressenen Operettentenöre, ma Lieber, da machst was mit!«

»Na ja«, beschwichtigte Hey, »die sind halt auch ein bisserl dumm ...«

»Was denn, was denn?« fiel ihm Pane Forst ins Wort, »Bariton ise genauso bled, nur um a Terz tiefer!«

»Am allerliebsten«, setzte er dann seine Enthüllungen fort, »san mir die komischen Komiker. Das gehte ganz powidal. Die stell' i hin zum Spiegel, häng' ihna um an Fetzen und fang' an zum Lachen ...scho g'fallt's ihna!«

1937 ging in der Wiener Scala unter der Direktion Otto Beer die Robert Stolz-Operette ›Der süßeste Schwindel der Welt‹ erstmals in Szene. Den Hallodri des Stückes spielte ein blutjunger Bonvivant namens Johannes Heesters, den Vater, der den Nichtsnutz von einem Sohn verleugnet, verkörperte Paul Morgan. Direktor Beer hatte selbst die Nebenrolle eines Sergeanten übernommen und extemporierte, daß sich die Bretter bogen. Als er im 3. Akt dem väterlichen Morgan gegenüberstand, nahm er ihn ins Kreuzverhör: »Also Sie sind nicht der Vater? Dann ist der junge Mann wahrscheinlich das Kind aus einer morganatischen Ehe?«

Worauf sich Morgan umdrehte und beleidigt erwiderte: »Herr Kommissar, werden Sie nicht Beersönlich!«

Kurz vor dem politischen Umsturz brachte Direktor Hellmer im Theater an der Wien im Februar 1938 noch eine letzte Operettenpremiere heraus: ›Dixie‹, mit Musik von Krasznay-Krausz, nach einem Libretto von Karl Farkas, der auch Regie führte. Eine Glanzbesetzung war aufgeboten: Oskar Karlweis, Lizzi Waldmüller und Paul Morgan spielten die Hauptrollen, Anton Paulik dirigierte. Für das zweite Paar hatte man den jugendlichen Bonvivant Peter Hey verpflichtet, seine Partnerin war die damalige Miß Austria Ellen Lutz, ein bildschönes Geschöpf. Farkas betrat die Bühne, fixierte die beiden, rümpfte seine lange Nase und sagte beleidigt zu Hellmer: »Sag, Arthur, hast du für die zwa Rollen kane schönern Leut' g'funden?«

Nach 1939 traf sich ein Großteil der Prominenz aus der silbernen Wiener Operettenära in der New Yorker Emigration wieder. Ein besonders beliebter Rendezvous-Ort war das Continental-Viennese-Café, wo man bestes Wiener Kabarett hören konnte. Eines Abends musizierte dort Hermann Leopoldi und bot wie immer am Klavier ein Feuerwerk temperamentvoller Nummern. Eine seiner Glanznummern war eine Bearbeitung von Lehárs ›Csárdás‹, mit dem er am Flügel eine ganze Zigeunerkapelle nachahmte. Unter den Zuhörern saßen Rita Hayworth, Fritz Kreisler, Otto von Habsburg und Graf Czernin und klatschten begeistert. Als das Stück zu Ende war, trat der Graf zu Leopoldi ans Klavier und sagte anerkennend: »Also hören Sie, mein lieber Leopoldi, ich hab' schon den Rosenthal, den Rubinstein und den Paderewsky spielen g'sehn, aber so g'schwitzt wie Sie hat noch keiner!«

Ferry Windberger, Hausbühnenbildner des Raimund-Theaters in Wien, war während des Zweiten Weltkrieges Ausstattungschef am Brünner Stadttheater. Man gab ›Wiener Blut‹ von Johann Strauß. Die Aufführung hatte eben begonnen. Das Vorspiel war zu Ende, der Zwischenvorhang gefallen. Die Versenk- und Schiebebühne trat in Aktion, und während draußen das Orchester weiterspielte, hob sich aus der Tiefe das Bild zum 1. Akt: ein Biedermeier-Zimmer in der Döblinger Villa des lüftigen Grafen Zedlau, Gesandten von Reuß-Schleiz-Greiz in Wien. Bühnenmeister Svaton, geboren in Brünn, erspähte mit scharfem Auge sofort, daß das

Bühnenbild fragmentarisch war: Das Prunkstück fehlte, ein großer weißer Biedermeier-Ofen. Rasch ließ er das Bild wieder versenken und mit ihm auch den Möbler, seinen Landsmann Vecera, mit dem geflüsterten Auftrag: »Vecera, schau, daß Ofen draufkommt, aber honem!«

Das Bild verschwand und mit ihm Vecera. Droben harrte zappelnd Svaton. Die Musik spielte und spielte, aber das Zimmer des Grafen Zedlau kam nicht wieder hoch. Bühnenmeister Svaton wurde immer zappeliger. Das musikalische Zwischenspiel ging langsam, aber sicher zu Ende. Vecera aber fand den Ofen nicht. Da platzte Svaton der Kragen, und sich und seine Umwelt vergessend, brüllte er in die Tiefe, daß es im ganzen Haus widerhallte: »Vecera, wos drahst di do drunt umanand wie a Schas in der Latern ...?!«

Das Publikum brüllte vor Lachen.

Zwei Jahre nach Ausbruch des Zweiten Weltkrieges gab man im Theater in der Josefstadt in Wien eine Neuinszenierung von Tschechows ›Drei Schwestern‹. Paula Wessely spielte die Mascha ergreifend, zum Niederknien. Als sie nach der Vorstellung in der völlig verdunkelten Stadt inmitten der heimkehrenden Theaterbesucher auf die Straßenbahn wartete, hörte sie hinter sich eine Stimme aus dem Dunkel: »Gestern war i im Raimund-Theater beim ›Zarewitsch‹ – haßt a nix!«

Kapitel VI
Und sie bewegt sich doch
Renaissance der klassischen Operette in Wien, am Bodensee und anderswo

»Die ›Fledermaus‹ ist so klassisch wie der Nibelungenring Wagners!«

Hans von Bülow

»Von der Kirchenmusik zur Operette! Welch tiefer Fall!«

Vinzenz Goller über seinen Schüler Nico Dostal

Inmitten der tristen Trümmerjahre nach dem Zweiten Weltkrieg erlebte die klassische Wiener Operette unter der Direktion Hermann Juch in der Wiener Volksoper eine glanzvolle Renaissance. Ihr Urheber und Initiator war der Regisseur und langjährige Burgtheaterdirektor Adolf Rott, assistiert von Walter Hoesslin als Bühnenbildner und Anton Paulik am Dirigentenpult. Ihr Beginn war eine Neuinszenierung von Millöckers ›Bettelstudent‹, die Epoche gemacht hat. Rott stellte das Werk auf die rotierende Drehscheibe, die erstmals in dieser Art als lebendig mitagierendes Element und damit gleichsam als Hauptdarsteller fungierte. Worauf sie von der Wiener Presse sofort taxfrei zur »rottierenden« Drehscheibe ernannt wurde.

Der daraus resultierende neue rasante Inszenierungsstil forderte von allen Mitwirkenden auf der Bühne eine völlige Umstellung. Und damit stieß Rott auf eine fast geschlossene Front des Widerstandes. Es war so unbequem, mit ihm Theater zu spielen. Ein Chorsänger faßte die Stimmung des Hauses in die Worte: »Wenn der Rott an Zirkus machen will, dann soll er das im Burgtheater probieren, net in der Volksoper. Mir san a ernsthaftes Theater!«

Rott aber war der Ansicht, daß die Wiener Volksoper ein Theater für die Freude sein sollte, und ging mit diktatorischer Entschlossenheit auf sein Ziel los, was ihm beim Ensemble den Beinamen »Adolf II.« eintrug. Als wieder einmal der ganze Apparat auf der Bühne zusammenbrach, kam es zu einer offenen Palastrevolution. Die Darsteller weigerten sich weiterzumachen. Da trat Maria Cebotari, die Unvergeßliche – sie spielte die Rolle der Laura –, an die Rampe und sagte mit zarter Stimme: »Ich weiß nicht, warum ihr euch eigentlich so sträubt. Natürlich ist das alles sehr schwer. Aber glaubt mir: wenn wir alle nicht mehr leben, wird man von dieser Inszenierung noch sprechen!«

In diesem Augenblick ging ein Engel durchs Haus. Der Widerstand war gebrochen. Die Probe ging weiter, und die Aufführung führte zu einem Triumph, wie ihn die Volksoper bis dahin noch nicht erlebt hatte.

Die Drehbühne hielt sich dabei vorbildlich. Bis zur Generalprobe. Da brach auch sie plötzlich zusammen. Aber das geschah gerade in dem Augenblick, als die Bühne ohnedies stehen sollte. Rott stürzte auf die Unterbühne: »Jetzt zeigt, was ihr könnt! Zehn Minuten habt ihr Zeit zur Reparatur!«

Oben ging die Szene weiter, ging langsam zu Ende ... Gespannt fixierte Rott die Bühne. Und siehe da – sie begann, präzise auf das Stichwort, wieder zu rotieren! Die Techniker hatten gezaubert. Der »Hauptdarsteller« war wieder fit!

Als Mann des Burgtheaters brachte Rott erstmalig für die Operette auch prominente Schauspieler seines Hauses in die Volksoper mit und hob damit das darstellerische Niveau der Aufführungen beträchtlich. Richard Eybner, der Charakterkomiker der Burg, gab den Enterich, der klassische Held des Hauses, Fred Liewehr, sang und spielte den Bettelstudent und wurde der Operettenliebling der Volksoper. Es wiederholte sich ein Vorgang, der schon bei der Geistinger Aufsehen erregt hatte: nachmittags spielte Liewehr den Karl Moor, abends sang er den Bettelstudent oder den Eisenstein. Die Kritik aber verlieh der Volksoper den Ehrentitel »Dreivierteltakt-Bayreuth«, und die Wiener rannten begeistert zum »singenden Burgtheater«.

Als Richard Eybner zum ersten Mal eingeladen wurde, Operette zu spielen, es war bei einem Gastspiel in Bregenz, begab er sich zur »grauen Eminenz« des Burgtheaters, Professor Erhard Buschbeck, um dessen Meinung über das Experiment einzuholen.

»No, probier'n S' es nur«, brummte Buschbeck mit seinem väterlichen Baß, »wir werd'n ja seh'n, ob S' von der Presse g'fressen werd'n!«

Eybner wurde nicht gefressen. Im Herbst 1947 übernahm er in der Volksoper nach Paul Kemp die Partie des Styx in der Willi-Forst-Inszenierung von Offenbachs ›Orpheus in der Unterwelt‹ und wurde Partner des Jupiters Hans Moser. Die Presse nannte die Aufführung ein »gigantisches Pimperltheater«, aber Eybner reüssierte und spielte in der Folgezeit mehr als ein Dutzend Operettenpartien in über 900 Vorstellungen.

Seine schwierigste Rolle war der Eddin in Johann Strauß' ›1001 Nacht‹. Hier hatte er einen Couplet-Auftritt mit einem Esel. Das erste Grautier, das man ihm als Partner an die Seite stellte, stammte aus Grinzing, war gutmütig und rheumatisch. Als es eines Tages den Weg in die Volksoper nicht mehr schaffte, mußte rasch ein Ersatztier her. Man fand es in einem Prater-Zirkus. Alles ging gut, nur als Eddin mit seinem Couplet beginnen wollte und das Orchester zur Begleitung ansetzte, legte sich das Biest auf den Rücken, streckte alle viere von sich und schrie laut und ausdauernd »I A«. Das Publikum brüllte vor Lachen. Eddins Couplet war beim Teufel.

Später stellte sich heraus, daß diese Darbietung zur Zirkusnummer des Esels gehörte und daß ihn daran nur eines hindern konnte: ein knuspriges Salzstangerl ...

Im 3. Akt von Millöckers ›Bettelstudent‹ begrüßt Simon den zernepften Oberst Ollendorf mit den Worten: »Da kommt der alte Knacker!« Das störte Kurt Preger, der in der berühmten Rott-Inszenierung der Volksoper den Obersten spielte, und er bat Bettelstudent Fred Liewehr nach der Probe: »Geh, Fredy, sei nett und laß doch das ›alte‹ weg!«

»Na, schön, aber das kostet was«, meinte Liewehr lachend.

»Einverstanden«, erwiderte Preger, »ich werde mich revanchieren.«

Als Ollendorff dann bei der Premiere nach seinem Couplet »Schwamm drüber ...« mit Beifall überschüttet wurde, gab der »Knacker« zu den vorgesehenen zwei Zusatzstrophen noch eine dritte zum besten, und die lautete:

»Am Bühnenausgang drängen
Die Mädchen sich in Mengen.
Besonders g'fallt mir eine,
Ich sprach gleich an die Kleine,
Wollt' auch ein Küßchen wagen,
Drauf tut sie schnippisch sagen:
Der Liewehr wär mir lieber –
Schwamm drüber, Schwamm drüber ...«

Von Wien ging der Erfolg des »rottierenden« ›Bettelstudent‹ über ganz Europa. So kam er auch ans Nationaltheater in Helsinki. Als der hochangesehene Direktor Nicken Rönngren bei der ersten Probe den schwindligen Apparat sah und die verdutzten Gesichter seiner Schauspieler und Sänger und die noch verdutzteren seiner Techniker, entschloß er sich, krank zu werden. Er erschien erst wieder, gesund und kregel, als die Generalprobe mit allen Anzeichen eines Bombenerfolges über die rotierenden Bretter ging. Bei der Siegesfeier nach der glanzvollen Premiere überreichte er dem Regisseur Rott lächelnd ein Gastgeschenk. Es war ein Wikingerschiff aus Silber, und darauf stand zu lesen:

»Und segle ich auch mein Boot in den Grund,
So war es doch herrlich zu fahren!«

Um diese Zeit erhielt die Operette in Bregenz ein neues Forum. Ihr Schauplatz war nicht mehr das abgemessene Geviert der Guckkastenbühne, sondern die Weite des Bodensees, der in seiner nächtlichen Schönheit zum Hauptakteur der Aufführungen wurde. Anknüpfend an barocke Theatertraditionen mit ihren üppigen Freilichtkünsten, entdeckte man die Lebendigkeit des Wassers als mitspielendes Element. Vor einem Auditorium, das beinahe sechseinhalbtausend Menschen faßt – rund ein Drittel der Gesamtbevölkerung von Bregenz –, entfaltete sich ein Spiel über Brücken, Booten, Gondeln und Schiffen, mit Scheinwerfern und Fackeln, bengalischen Lichtern und aufzischenden Raketen, sprühenden Fontänen und Wasserkulissen, das bis zu fünfhundert Akteure auf die Bretter stellt, und gewann mit einer

Fläche von 40000 bespielten Quadratmetern die größte Freilichtbühne der Welt.

An der Spitze des neugegründeten Bregenzer Festspielausschusses stand der damalige Bürgermeister Dr. Julius Wachter. Ihm zur Seite wirkte als organisatorischer Motor der damalige Stadtrat Adolf Salzmann, ein kulturell nicht eben orientierter, aber höchst initiativer Mann. Er holte das Burgtheater nach Bregenz, ihm gelang es, Clemens Krauss, der noch Dirigierverbot hatte, als künstlerischen Berater für die Festspiele zu gewinnen, er überredete schließlich die französische Besatzungsmacht, die Gäste aus der Schweiz und aus Deutschland über die noch streng versperrte Grenze zu lassen, weshalb man das Festival am Bodensee ironisch »Festspiele der verhinderten Liebe« nannte.

Als der kleine Salzmann dem großen Clemens Krauss zum erstenmal gegenüberstand, sagte er: »Also Sie sin' a Kapellmeischter? Na, dann dirigier'n S' ma was vor!«

Um das Burgtheater für Bregenz zu heuern, telefonierte Salzmann mit Buschbeck in Wien: »Hallo, Herr Brofesser, wir brauchen das Burgtheater für die Feschtschbiele. Was könnten Se schbiele?«

Kurze Pause, dann hörte er Buschbecks brummigen Baß: »No ja – ›Was ihr wollt‹ ...«

Darauf ließ sich Salzmann umgehend mit Dr. Wachter verbinden und meldete lakonisch: »Alles ischt in Ordnung! Das Burgtheater schbielt bei uns – alles, was wir wollen!«

Die erste Operetteninszenierung auf dem See war – 1948 – ›Eine Nacht in Venedig‹ von Johann Strauß. Als Regisseur fungierte Karl Schmid-Bloss aus Stuttgart, damals Direktor des Opernhauses Zürich, ein massiger Riese, der trotz seiner Leibesfülle den Sängern jede Szene vorzuspielen suchte und dabei ständig zu den tückischen Randbezirken der Seebühne balancierte.

»Sehe Sie«, erklärte er dem Herzog von Urbino, »nach Ihrer Arie steige Sie wieder nach rückwärts in Ihre Gondel ... so!« Dabei trat er nach rückwärts in die Luft und – verschwand vor den Augen des verdutzten Herzogs und der Venezianer. Es gab einen mächtigen Plumps und einen gewaltigen Spritzer, und dann stach die herzogliche Gondel in den Bodensee, um den Regisseur an Land zu ziehen. Das war die Taufe der Bregenzer Festspiele.

Schon 1949 stellte Adolf Rott seine erste Inszenierung auf die Seebühne von Bregenz: Es war ›1001 Nacht‹ von Johann Strauß. Bei den Vorbesprechungen informierte man ihn, daß der Bodensee im vergangenen Sommer eine derartige Höhe erreicht habe, daß er, würde sich das heuer wiederholen, die Bühne glatt überschwemmen würde.

»So bauen wir eben eine schwimmende Bühne!« entschied Rott. »Dann sind wir von der Seehöhe unabhängig.«

Gesagt, getan. Es wurde ein heißer Sommer. Als man anfing, die schwimmende Bühne zu bauen, begann auch der See zu sinken. Und er sank von Tag zu Tag mehr. Als das gewaltige Theaterfloß fertig war, hatte der launische Star den tiefsten Wasserstand seit einhundertvierundzwanzig Jahren erreicht. Also mußte man vor jeder Probe erst ausbaggern, wollte man mit dem Floß nicht »aufsitzen«. Agierte der Chor zu leidenschaftlich, dann sackte das Ding leicht ab, setzte sich an den Strand und war nicht mehr flott zu kriegen. Es gab nichts wie Ärger, die Nervosität stieg und mit ihm die Lautstärke des Regisseurs.

Als sich die gespannte Atmosphäre wieder einmal in einen Krach entlud, meinte Festspielpräsident Wachter, der zugegen war, beschwichtigend zu Rott: »Herr Rott, Sie sollten konzilianter sein mit den Sängern. Schauen Sie mich an, ich bin ein ganz ruhiger Mensch!«

Eine Woche später fehlte das Geld, um die Choristen pünktlich auszubezahlen. Es kam zu einem »Negeraufstand« auf dem See. Ein besonders temperamentvoller Stänkerer stieg auf einen Stuhl und brüllte: »Wo ist der Präsident, daß ich ihm den Kopf abreiße!«

Da stürzte Dr. Wachter, der eben erschienen war, mit hochrotem Kopf auf den Mann zu und schrie: »Was wollen Sie?! Den Kopf wollen Sie ...? Herr, mir werden Sie nicht den Kopf abreißen!«

In dem Moment legte ihm Rott beschwichtigend die Hand auf die Schulter und sagte sanft: »Herr Präsident, Sie sollten konzilianter sein mit den Sängern. Schauen Sie mich an. Ich bin heute ein ganz ruhiger Mensch!«

In Vorarlberg, zärtlich »Ländle« genannt, sind die Sitten streng. Als die Bregenzer für ihr Spiel auf dem See in einer Anwandlung von losem Übermut Suppés ›Boccaccio‹ wählten, durfte der Buchverkäufer im 1. Akt, den damals der Anfänger Walter Berry sang, keine lasziven Buchtitel offerieren. So wurde aus der ›Geliebten des Kardinals‹ im Handumdrehen ›Die Geliebte des Admirals‹.

Auch Lotteringhis berühmtes Couplet »Wie Gott will, ich halt still« wurde korrigiert. »Wie man will, ich halt still« sang Kurt Preger, denn im »Ländle« darf der liebe Gott auch auf dem See nicht eitel genannt werden ...

Die Vorarlberger sind gute und sparsame Geschäftsleute. Das Operettenspiel auf dem See, das ihnen viel Fremde ins Land bringt, sehen sie gerne. Die Subventionszahlungen für die Festspiele weit weniger gern. Als Walter Hoesslin im Sommer 1950 die Seebühne für Suppés ›Boccaccio‹ zu bauen begann – eine zentrale Insel, flankiert von vier Seiteninseln, von denen sich je eine venezianische Brücke zur Hauptinsel schwang –, erschien bei ihm ein Mitglied des Festspielausschusses und meinte: »Herr Hoesslin, wozu brauche Se eigentlich vier Brücke? Lasse Sie doch zwei weg, das Publikum merkt's sowieso nicht!«

Und als ihm der Bühnenbildner erklärte, das sei aus künstlerischen Gründen unmöglich und er könne auf keine der vier Brücken verzichten, machte ihm der brave Mann den Vorschlag: »Was heischt künschtlerische Gründe!? Wisse Se was, für jede Brücke, die Sie einspare, erhöhen wir Ihre Gasche. Überlege Sie sich das!«

Als dann der ›Boccaccio‹ erfolgreich über die Seebühne ging – mit vier Brücken, wie zur Ehre der Bregenzer festgestellt sei – und anschließend die Künstler mit dem Festspieldirektor Ernst Bär bei einer Nachfeier den Sieg begossen, hob Hoesslin sein Glas und rief: »Prosit, Herr Direktor, jetzt versaufen wir die erste Brücke!«

Eines Nachts kam Sturm auf. Mit 80-km-Tempo fegte er über den See und türmte stockhohe Wellen auf. Die Stahlseile der schwimmenden Bühne rissen, und die drei Pontons mit ihren Bühnenflächen und Minaretts zogen davon. Am andern Morgen meldete die Inspektion: »Hallo, Herr Direktor, die Seebühne ist futsch ...!«

Große Aufregung. Was tun? Die Abendvorstellung von ›1001 Nacht‹ war bereits ausverkauft. Bis dahin eine neue Seebühne herzaubern war völlig unmöglich. Da läutete das Telefon: »Hallo, hier Lindau, Hafenpolizei ... Sie können Ihre Seebühne bei uns abholen. Sie ist eben wohlbehalten bei uns eingetroffen!«

Die Pontons waren in der Nacht zehn Kilometer weit westwärts gesegelt. Jetzt wurden sie im Triumph eingeholt. Die Abendvorstellung fand pünktlich statt.

Zum fünfundzwanzigjährigen Jubiläum der Bregenzer Festspiele stellten Rott und Hoesslin die ›Fledermaus‹ auf die Seebühne. Es gab die obligaten Feuer- und Wasserspiele, Eberhard Wächter sang den Eisenstein, Gerda Scheyrer die Rosalinde, Erich Kunz den Gefängnisdirektor Frank. Das Wetter spielte nicht immer mit. Eines Abends gab es bewegte See. Der Wind fegte über die Bühne, bauschte die Kostüme und sträubte die Perücken. Als Frank im 1. Akt auftrat, um Eisenstein zu verhaften: »Erschrecken Sie nicht, gnädige Frau, ich bin der Gefängnisdirektor Frank und kann mir das Vergnügen nicht versagen, Ihren renitenten Herrn Gemahl persönlich in sein Stilleben zu geleiten ...«, ging gerade eine heftige Bö über die Bretter. Da griff der Gefängnisdirektor nach seinem Hut, hielt ihn mit beiden Händen fest und extemporierte: »Bevor ich mit Ihnen spreche, Gnädigste, machen Sie, bitte, die Fenster zu, denn da zieht's gewaltig!«

Zur Zeit, als Wieland Wagner auf dem grünen Hügel seinen Neubayreuther Stil demonstrierte und Herbert von Karajan im Wiener Musikvereinssaal ›Aida‹ und ›Carmen‹ konzertant aufführte, weil ihm die Staatsoper noch verschlossen war, brachte die Volksoper eine Neuinszenierung von Lehárs ›Der Graf von Luxemburg‹ unter Rotts Regie.

Als der Vorhang aufging, saßen die Hauptdarsteller und der Chor in grauen Kutten an der Rampe, die Bühne war schwarz verhängt. Der Komiker Franz Böheim trat vor und verkündigte dem verdutzten Publikum: »Da es modern geworden ist, Opern im Konzertsaal zu spielen, und wir gehört haben, daß die absolute Musik wichtiger ist als das Theater, wollen auch wir nicht hinter der Zeit zurückbleiben, sondern haben uns entschlossen, den ›Graf von Luxemburg‹ konzertant aufzuführen. Solisten und Choristen werden ihre Partien teils sitzend, teils stehend absolvieren, das Ballett wird dazu am Ort ornamentale Symbol-Bewegungen vollführen ...«

Schweigen, Betroffenheit im Auditorium ... Da erhob sich der vermummte Graf von Luxemburg alias Fred Liewehr und rief quer über die Bühne: »Das ist ja nicht auszuhalten! Schluß damit! Tusch, Herr Kapellmeister!!«

Im selben Moment sprang die ganze Masse auf den Brettern jubelnd in die Höhe, riß sich die Kutten vom Leib, die an Schnüren zur Decke flogen, die Musik setzte krachend ein, Kulissenwagen rollten auf die Bühne, die Drehbühne begann zu »rotieren«, ein Freudenschrei gellte durchs Haus, daß es die Zuschauer förmlich von den Sitzen zog ... Wieder einmal triumphierte die lebendige Operette über alle graue Theorie ...

Bei der Neuinszenierung von Millöckers ›Vizeadmiral‹ im Herbst 1958 gab es in der Volksoper Beleuchtungsprobleme. Franz Salmhofer, der seit 1955 in der Nachfolge Juchs die Direktion des Hauses führte, mischte sich in die Diskussion und erklärte: »Für mich gibt's überhaupt nur zwei Beleuchtungen auf der Bühne. Eine, bei der man was sieht, und eine, bei der man nix sieht. Die zweite hat Karajan gepachtet, also bleibt uns nur die erste.«

Ein junger Operettensänger der Wiener Volksoper beklagte sich bei Direktor Salmhofer, daß er zuwenig eingesetzt würde, und warf sich in die Brust.

»Also gut, singen S' mir morgen was vor«, beschied der Direktor.

Und so geschah es. Der junge Sänger tat, was er konnte, aber es war zuwenig. Als er geendet hatte, hob Salmhofer triumphierend den Zeigefinger und rief mit dem Brustton der Überzeugung: »Der Mann muß beschäftigt werden!«

Schon ging ein Aufleuchten über das Gesicht des Kandidaten, da schloß Salmhofer seine Rede: »... Aber net bei uns!«

Es gehört zu den erprobten Operettentricks, daß der Sänger, wenn er mit seiner gelegentlich auch recht improvisierten Prosa zu Rande ist, die Hand auf die Brust legt und damit dem Dirigenten das Zeichen zum Weiterspielen gibt. Bei einer ›Fledermaus‹-Aufführung in der Volksoper vergaß Eisenstein-Fred Liewehr auf dieses ungeschriebene Gesetz und legte im »Fidelen Gefängnis« des 3. Aktes an unpassender Stelle, ohne es zu wollen, die Hand auf die Brust, worauf der Dirigent Felix Prohaska spontan mit dem Finale einsetzte. Vergebens stürzte der Frosch Franz Böheim auf die Bühne und protestierte krähend: »Sabotage, Herr Direktor ...! Die Damen wollen sich von mir nicht baden lassen!« Es half ihm nichts. Das Finale war im Zug und nicht mehr aufzuhalten. Die Operette ging zu Ende, die Damen blieben ungebadet, und der arme Frosch konnte sich nur mit einem kräftigen Schluck Slibowitz trösten ...

Zur Premiere der Neuinszenierung von Lehárs ›Der Graf von Luxemburg‹ in der Volksoper fand sich auch der österreichische Bundespräsident Theodor Körner ein, wie immer ohne Hut und schlicht gewandet. Fred Liewehr verkörperte die Titelrolle. In der Pause kam Direktor Salmhofer in die Präsidentenloge, um die Honneurs zu machen.

»Was sagen Sie zu dieser Gala-Aufführung, Herr Bundespräsident?«

»Sehr nett«, meinte Körner lächelnd, »nur den Liewehr kann ich nicht anschau'n!«

Salmhofer verschlug es fast die Rede.

»Ja sehen S'«, erklärte der hohe Gast, »nächste Woche kommt der Haile Selassie zu mir, da muß ich mir einen Frack bauen lassen. Und immer wenn ich den gräflichen Liewehr in sein' Frack seh', dann wird mir jetzt schon angst und bang ...!«

Eines Tages suchte Liewehr den Direktor in seiner Kanzlei auf und fand ihn kopfschüttelnd am Flügel sitzend vor einem aufgeschlagenen Klavierauszug von Cole Porters ›Kiss me Kate‹.

»Hör dir das einmal an«, grollte er in heiliger Empörung und intonierte ein paar Stellen daraus, »und dieser Mist soll bei uns gespielt werden. Aber solange ich hier Direktor bin, kommt mir so was nicht auf die Bretter, darauf kannst du dich verlassen!«

Wenige Monate später ging die Premiere von ›Kiss me

Kate‹ in der Volksoper in Szene und wurde ein Sensationserfolg. Fred Liewehr als Petrucchio und Brenda Lewis als widerspenstige Kate wurden an der Spitze des Ensembles mit Beifall überschüttet. Nach dem xten Vorhang kam Salmhofer hinter die Bühne, schritt mit ausgebreiteten Armen auf Liewehr zu und rief: »No, Fredylein, was hab' ich dir gleich gesagt: ein Bombenerfolg!«

1956 gab es in der Deutschen Oper am Rhein in Düsseldorf eine Silvestervorstellung der ›Fledermaus‹ mit starker Wiener Assistenz. Anton Paulik dirigierte, Paul Hörbiger spielte den Frosch und legte sich gründlich hinein in die Slibowitz-Rolle. Anderntags wurde er von einem Düsseldorfer Kritiker richtig »heruntergefetzt«. Der Mann nannte ihn einen ordinären danubianischen »Bsuff« und ließ kein gutes Haar an ihm. Daraufhin ging Paul in einen Tabakladen, erwarb eine kleine Kiste Zigarren und sandte sie kommentarlos an den Kritiker. Die Zigarrenmarke hieß: »Götz von Berlichingen«.

Im Frühjahr 1959 brachte die Wiener Volksoper eine flotte Neuinszenierung der ›Gräfin Mariza‹ auf die Bretter. Herbert Prikopa, beliebter Tenorbuffo des Hauses mit beträchtlicher Vis comica und ebensolcher Leibesfülle, spielte die kleine Komikerrolle des Bahnhofsvorstandes. Kurze Zeit darauf übernahm er in der gleichen Inszenierung für den erkrankten Kollegen Erich Kuchar den Graf Koloman Zsupán und wieder eine Woche später für den verhinderten Franz Böheim den Kammerdiener Penizek. Daraufhin schrieb ein Kritiker anzüglich: »... und da soll noch einer sagen, aus dem Prikopa könne man nicht drei machen!«

Im Sommer 1958 stand Herbert Prikopa als Papacoda zum ersten Mal mit seinem Idol Helge Rosvaenge gemeinsam auf den Brettern. Es war bei den Seefestspielen in Mörbisch, und man probte für die Premiere von Johann Strauß' ›Eine Nacht in Venedig‹. Rosvaenge, der den Herzog sang, hatte sich entschuldigt, daß er sich etwas verspäten würde. Die Probe begann, und das Ende des Finales kam, da der Herzog auftreten sollte. Nun hatte Prikopa Rosvaenges Schallplatten genau studiert und konnte seine Stimme täuschend nachahmen. Also stellte er sich hin und sang die ersten Takte des Finales auf »rosvaengisch«, indem er temperamentvoll loslegte: »Der Mond hat schwere Klag' erhoben ...«

Da öffnete sich die Tür, Rosvaenge trat ein und sagte verblüfft: »Schau einer an, ich bin ja schon da ..., das habe ich gar nicht gewußt!«

Nach der Probe überreichte Papacoda seinem Herzog das Rosvaenge-Buch ›Lache Bajazzo‹ mit der Bitte um ein Autogramm des Verfassers. Schmunzelnd schrieb Rosvaenge hinein: »Im Falle eines Falles singt und spielt Prikopa wirklich alles ...«

Und dann fügte er noch hinzu: »Meinem lieben Kollegen zur Erinnerung an den gemeinsamen Kampf in Mörbisch gegen Gelsen, Kapellmeister und Regisseure ...«

Im Frühjahr 1960, zwei Tage nachdem Nikita Chruschtschow bei einer Tagung der UNO seinen Schuh ausgezogen und damit auf den Tisch geklopft hatte, gab man in der Wiener Volksoper die ›Lustige Witwe‹. Dabei geschah es, daß Hanna Glawari bei einem allzu heftigen Tanzschritt ihren Schuh verlor. Herbert Prikopa, der als Njegus nach diesem Tanz aufzutreten hatte, fing den Schuh demonstrativ ein, hob ihn genüßlich hoch und stellte verwundert fest: »A, da schau her, jetzt tagt die UNO schon in Pontevedro!«

Die Lachsalve des Publikums quittierte Njegus mit der Bemerkung: »Das war das erste und einzige Mal, daß sich die internationale Politik positiv auf das österreichische Theater ausgewirkt hat!«

Unter dem Titel ›Vienna on parade‹ begab sich 1960 ein Wiener Operettenensemble auf eine dreimonatige Tournee durch Amerika. Rudolf Bibl begleitete am Flügel die Solisten bei ihren beliebten Operettenschlagern, zwischendurch musizierte der zweiundsiebzigjährige Julius Herrmann mit seiner Deutschmeisterkapelle. Vor den letzten Konzerten verletzte sich der alte Herr am Fuß und mußte zwei Tage pausieren. Um die Abende zu retten, erklärte sich Bibl bereit, auch die Deutschmeister zu dirigieren. Das Abenteuer gelang. Bibl pendelte ständig zwischen Klavier und Dirigentenpult hin und her, wobei er jeweils blitzartig den Frack mit der Uniform vertauschte.

Anderntags konnte er in der amerikanischen Presse lesen: »Die österreichische Militärmusik muß ein Jungbrunnen sein. Einfach erstaunlich, wie fit der siebzigjährige Deutschmeisterboß geblieben ist!«

Es war bei den Operettenwochen in Ischl 1961. Man gab Lehárs ›Paganini‹. Paul Knepler, der betagte Textdichter, befand sich im Zuschauerraum und wurde nach Schluß der Vorstellung feierlich auf die Bühne geholt und inmitten der Darsteller stürmisch beklatscht. Da stieß eine Lady aus den USA in der ersten Reihe ihren Gatten an und rief entzückt: »Look, nice, old Lehár!«

1962 wurde das traditionsreiche Theater an der Wien, das in den Jahren nach dem Zweiten Weltkrieg der ausgebombten Wiener Staatsoper ein intimes Exil geboten hatte, von Otto Niedermoser im alten Stil glanzvoll erneuert. Als der damalige Bürgermeister Franz Jonas kam, um die Vollendung des restaurierten Gebäudes zu besichtigen, trat ein Bauarbeiter auf ihn zu und sagte: »Herr Bürgermeister, mir san fertig! Jetzt könnt' die Betty Fischer wieder kommen!«

Kapitel VII
Totgesagte leben lang
Unvergängliche Operettenprovinz und fast ein Jahrhundert Robert Stolz

»Neue Operette ist rar, taucht einmal eine auf, dann findet die Kritik bestimmt ein Lehár in der Suppé!«
Maxi Böhm im »Simpl«

»Was sonst nur Musikstücken zuteil wird, ist ihm vergönnt: er lebt unter uns als Evergreen in Person.«
Hans Weigel über den neunzigjährigen Robert Stolz

Im Stadttheater St. Pölten liegt die ehemalige Kaiserloge unmittelbar am Proszenium, so daß man von ihr aus mit wenigen Schritten die Bühne erreichen kann. Das nützte Direktor Rollett, der – ein zweiter Striese – in den zwanziger Jahren die Geschicke des Theaters leitete, auf seine Weise. Gab es nach einer Vorstellung zuwenig Applaus, dann stülpte er sich eine Perücke übers Haupt, setzte sich in die Kaiserloge, klatschte wütend Beifall und schrie: »Bravo, Rollett!« Dann rannte er auf die Bühne, riß die Perücke vom Kopf, ließ den Vorhang hochziehen und verbeugte sich gravitätisch. Wenn der Vorhang gefallen war, saß er bereits wieder verkappt in der Kaiserloge, klatschte wütend Beifall, schrie: »Bravo, Rollett!« Dann rannte er ... und so weiter, bis genügend »Vorhänge« beisammen waren ...

Um keine Sommergagen zahlen zu müssen, kündigte er jedes Jahr das gesamte Ensemble. Zur »Abschiedsfeier« stellte er einen hölzernen Altar auf die Bühne. Dort kniete er pathetisch hin, breitete weit die beiden Arme aus und rief salbungsvoll: »Herrgott, ich danke dir, daß ich diese Bagage los bin!«

Peter Minich, gefeierter Operettentenor und beliebter Charmeur der Wiener Volksoper, begann 1947 als kleiner Schauspieler in St. Pölten, wo damals bereits Rolletts Nachfolger, Hans Knappl, regierte. Da Minich in Wien wohnte, genehmigte Knappl großzügig eine Arbeiter-Wochenfahrkarte Wien – St. Pölten – Wien. Als Minich das Geld einkassieren kam, zog ihm der Direktor vier Schilling ab: »Wozu brauchen S' denn bis zum Westbahnhof fahr'n? Fahrn S' bis Hütteldorf, dort kriagn S' scho a Tramway!«

Als Minich einige Jahre später nach St. Gallen ging – er sang dort aus der ›Gräfin Mariza‹: »Grüß mir die süßen, die reizenden Frauen im schönen Wien« vor und wurde sofort engagiert –, bot ihm Knappl eine Aufbesserung von 400 Schilling und knurrte: »Was brauchst denn in die Schweiz gehn, wenn i dir eh a Ministergasch zahl'!«

1955 hatte Minich in Johann Strauß' ›Spitzentuch der Königin‹ als Kurier Nikolaus von Tomba hoch zu Roß besagtes Spitzentuch zu überbringen. Weil der Bühnenboden neu belegt war, hatte man dem Gaul Filzpatschen angezogen. Das machte ihn nervös, und in seiner Angst begann er, mitten auf der Bühne, mit Musikbegleitung, sein Wasser abzulassen. Minich sah, wie sich der heftige Strom bergab in Richtung Souffleurkasten bewegte, er sah, wie die Souffleuse das Licht löschte und fluchtartig den Kasten verließ. Dann sprang er schwungvoll ab und traf mit seinem Galanteriesäbel das Pferd in der Flanke, worauf das Biest einen mächtigen Sprung machte und in der Kulisse verschwand. Der Kurier stand ohne Roß und ohne Souffleuse da, und vor ihm rieselte der Bach. Das war Minichs Debüt im Grazer Opernhaus.

1962 brachte die Volksoper eine Neuinszenierung von Kálmáns ›Zirkusprinzessin‹. Nach der Premiere übernahm Peter Minich die Rolle des Mister X. Hans Moser, der den Pelikan spielte – es war seine letzte Operettenrolle –, hatte im 3. Akt seine große Szene. Vorher aber hatte Mister X ein gefühlvolles Lied: »Wo ist der Himmel so blau wie in Wien ...«

Moser versäumte es nie. Regelmäßig fand er sich in der Kulisse ein, setzte sich in die erste Gasse neben den Feuerwehrmann und hörte aufmerksam zu.

Nach dem dritten Mal erhob sich Moser, trat in der Kulisse auf Mister X zu und sagte: »Hörst, Minich, du singst des mit so vü Herz! Sag'n ma uns du!«

»Es war«, kommentiert Minich, »für mich das beglükkendste du-Wort eines Kollegen ...«

Maxi Böhm verdiente sich seine ersten Operettensporen um 1937 als Faktotum in Reichenberg, wo sich die Theaterleute damit die Zeit vertrieben, daß sie während der Vorstellung versuchten, sich gegenseitig aus dem Konzept zu bringen. Zum Ensemble gehörte ein hochnäsiger Tenor, namens Otto, der lässig versicherte: »Mich werdet ihr nicht zum Lachen bringen!«

Nun hatte er in dem musikalischen Lustspiel ›Warum lügst du, Cherry?‹ von Lengsfelder und Tisch einen kurzen, aber wichtigen Anruf zu tätigen: »Hallo, schicken Sie mir sofort vier Detektive! Ich glaube, es ist in meinem Landhaus ein Einbruch geplant!«

Zu diesem Zweck stand ihm ein natürlich »toter« Tischapparat zur Verfügung. Maxi Böhm ging zum Elektriker des Hauses und fragte ihn: »Pane Napravnik, können Sie das Telefon nicht anschließen und den zweiten Apparat zu mir in die Garderobe legen?«

»Jawohl kann me das«, grinste Napravnik, »alles kamme!«

Als der Buffo abends bei der Vorstellung den Telefonhörer abhob, um seinen wichtigen Anruf zu machen, hörte er plötzlich durch die Muschel: »Servas Otto!«

Er war so perplex, daß er mit Müh und Not noch die Worte herausstottern konnte: »Schicken Sie mir vier Polizisten ...«

Aber da rief Maxi Böhm schon ins Telefon: »Ja Schnekken, da kannst du lange warten, du Tepp!«

Damit war es aus. Otto bekam einen Lachkrampf, und der Vorhang mußte fallen ...

Die ›Salzburger Nockerln‹ von Fred Raymond waren in Reichenberg ein durchschlagender Erfolg. Die ganze Stadt rannte begeistert ins Theater. Nach der zehnten Vorstellung kam ein Dienstmädchen an die Tageskasse und forderte: »Geb'n S' ma, bittschen, noch zwa Karten für die Wiener Buchteln!«

»Sie meinen die ›Salzburger Nockerln‹ ...?« korrigierte der Kassier.

»No ja«, erwiderte die Gute ungerührt, »hab' i ja glei g'wußt: a behmische Mehlspeis' ...!«

Auf Anweisung der Direktion hatten in Reichenberg die Operettenkräfte so wie die Schauspieler, durchaus zu ihrem Mißvergnügen, auch bei Opernaufführungen mitzuwirken. Eines Tages erhielt nun Maxi Böhm in den ›Meistersingern‹ eine Rolle zugeteilt: »Kunz Vogelgesang, Kürschner – Tenor« stand auf der Partie. Maxi beschloß, die Sache von der heiteren Seite zu nehmen, und verpaßte regelmäßig seinen Einsatz, sehr zum Ärger des Dirigenten. Als Vogelgesang beim xten Mal wieder zu spät einsetzte, riß dem Dirigenten die Geduld, und er brüllte wütend auf die Bühne hinauf. Da trat Maxi Böhm gelassen an die Rampe und sagte: »Ob Sie's glauben oder nicht, Herr Kapellmeister, bei dieser Stelle hatte ich in Bayreuth immer Abgangsapplaus!«

Die Rolle wurde umbesetzt.

Fritz Imhoff, einer der großen Operettenkomiker und Volksschauspieler, wurde in Brünn geboren und hieß ursprünglich Fritz Jeschke. Sein erstes Engagement fand er in Troppau, wo ihn der Direktor des Stadttheaters – so wie einst der Willner den Marischka – wegen Talentlosigkeit wieder entließ. Nach seiner Militärzeit versuchte es Jeschke im Stadttheater von Baden bei Wien. Ehe er sich dem Direktor vorstellte, erfuhr er von einem Kollegen, daß der neue Direktor des Hauses sein alter Freund aus Troppau war.

»Weißt was?« riet ihm der Kollege, »pickst dir an Bart an und wechselst dein' Namen!«

So geschah es auch. Der Direktor stutzte zwar ein wenig, als er den bärtigen jungen Mann sah, aber dann engagierte er ihn doch. Sein Personengedächtnis war offenbar ebenso stark wie sein Entdeckerblick. So wurde Fritz Imhoff berühmt.

Viele Jahre später, es war im Zweiten Weltkrieg, hob man im Raimund-Theater in Wien eine »blecherne« Operette aus der Taufe. Um das schwache Stück etwas aufzumöbeln, hatte man Fritz Imhoff verpflichtet. Vor der öffentlichen Generalprobe, die vor allem für Angehörige der Wehrmacht bestimmt war, sah Imhoff durch das Guckloch des Vorhangs in den ausverschenkten Zuschauerraum und meinte anerkennend: »Für die vorletzte Vorstellung gar net so schlecht!«

Während des Ersten Weltkrieges spielte Fritz Unterkircher, internationaler Charmeur und Bonvivant, in Hollywood Operette – die ›Fledermaus‹, den ›Vogelhändler‹, ›Wiener Blut‹. Als Amerika in den Krieg eintrat, wurde das Theater gesperrt. Unterkircher benützte die unfreiwillige Pause, um den Violinvirtuosen Jascha Heifetz zu hören, der zum ersten Mal in der Carnegie–Hall auftrat. Mit ihm in der Loge saßen der Geiger Mischa Elman und der Pianist Godowsky mit Gattin. Das Konzert nahm sensationelle Formen an. Schon in der Pause brach ein Beifallssturm los.

Mischa Elman wischte sich die Stirne und seufzte: »Gott, wie heiß ist es hier!«

Meinte Godowsky lächelnd: »Nicht für Pianisten!«

In der Zwischenkriegszeit gab es im Nollendorftheater in Berlin eine glanzvolle ›Gasparone‹-Premiere. Michael Bohnen sang die Titelrolle, Leo Slezak den Podestà von Syrakus. Einer suchte den andern auszustechen. Als Bohnen im 2. Akt in seiner großen Szene den Hauptschlager »Dunkelrote Rosen schenk' ich, schöne Frau« bereits zum zweiten Mal wiederholt hatte und das Publikum immer noch ein Dacapo forderte, riß Slezak die Geduld. Er trat aus der Kulisse, ging auf Gasparone zu und sagte: »Herr Graf, wenn Sie jetzt die verwelkten Rosen zum vierten Mal schenken, dann können Sie sie gleich wegschmeißen ...«

Fazit: Riesenheiterkeitserfolg für Slezak, kein viertes Dacapo für Bohnen.

Gasparone sann auf Rache. Im letzten Akt hatte der Podestà seine große Szene. Triumphierend ließ er den »Räuberhauptmann« verhaften und ins Gefängnis stecken. Dann beherrschte er im Solo die Bühne und das Publikum. Aber da erschien plötzlich Gasparone, offenbar aus dem Gefängnis ausgebrochen, hielt Slezak ein Blumenstöckl unter die Nase und rief: »Herr Bürgermeister, als Sie mich verhaften ließen, war diese Hyazinthe noch eine Zwiebel!«

Fazit: Riesenheiterkeitserfolg für Bohnen, kein Dacapo mehr für Slezak.

Betty Fischer, der glanzvolle Stern der Marischka-Zeit, trat nach dem Zweiten Weltkrieg noch einmal im Raimund-Theater auf. In Bruno Granichstaedtens Operette ›Auf Befehl der Kaiserin‹ spielte sie die Maria Theresia. Ihr großer Auftritt war die Szene mit den Kindern, denen sie das Tanzen lehrt: »Wenn die Musi spielt, dann heb' die Fußerln ...«

Peter Hey, der die Fischer noch als strahlende Diva erlebt hatte, saß im Parkett und erschrak: Eine alte Frau kam auf die Bühne. Neben ihm saßen sechs junge Leute aus der Vorstadt und mokierten sich über den Kitsch. Als der Operettentenor in Gestalt Franz' von Lothringen auftrat, lachten sie: »Siehgst, jetzt waaßt wenigstens, wie a Kaisa ausschaut!«

Dann kam die Fischer mit ihrer Szene und ihrem Lied. Die jungen Leute verstummten. Es wurde mäuschenstill im Haus. Als die Fischer zu Ende war, wischten sich alle sechs die Augen. Dann holte einer tief Atem und sagte mit gedämpfter Stimme: »Jetzt kann i varstehn, daß des a Schtar is'!«

Operettenprobe im Wiener Bürgertheater; Frühling 1947. Alfred Huttig führte Regie, Ferry Windberger hatte die Dekorationen entworfen, an denen Huttig ununterbrochen herumnörgelte. Windberger, sonst nicht aus der Ruhe zu bringen, bekam plötzlich einen Tobsuchtsanfall, sprang auf die Bühne und brüllte drei Minuten lang. Der Regisseur wartete geduldig, bis ihm der Atem ausging, dann sagte er treuherzig: »Phantastisch, Ferry, ohne Souffleur hätt' ich das nicht zusammengebracht!«

Oskar Sima, nach dem Zweiten Weltkrieg gefeierter Operettenstar am Wiener Bürgertheater und komischer Held ungezählter Operettenfilme, galt in Kollegenkreisen als geizig. Als er sich von seinen fetten Filmhonoraren das väterliche Gut Hohenau an der March wieder zurückgekauft hatte, lud er Waltraud Haas, Franz Antel, Walter Müller und andere Freunde zur Gutsbesichtigung ein, führte seine Gäste vors Haus und erklärte: »Also, des Haus mitsamt'n Hof g'hört mir ... Und da der Acker mit die Wiesen bis zum Wald, die g'hörn a mir ...Und da drüben der Berg mit'n Wald, der g'hört a dazua ... Und dort, sechts, is' a Gasthaus, da könnts guat Mittagessen!«

Fritz Fischer, während des Zweiten Weltkrieges Intendant und revolutionärer Operettenregisseur am Gärtnerplatztheater in Berlin, inszenierte 1957 am Wiener Raimund-Theater Kálmáns ›Zirkusprinzessin‹. Um das Lied »Liese, Liese, komm mit mir auf die Wiese« szenisch etwas aufzuwerten, illustrierte er es mit Ballett. Hauptclou der Szene war eine Serie von Glocken an der Rampe, die, von den Tänzerinnen der Reihe nach angeschlagen, die »Liese«-Melodie ergaben. Meinte eines Abends der Gesangskomiker Fretzer zu Windberger: »Weißt was, drah ma s' um!«

Gesagt, getan; die beiden vertauschten sämtliche Glocken. Als der Kapellmeister den Balletteusen den Einsatz gab, erklang eine tolle Zwölftonreihe. Wütend stürzte der Regisseur zum Requisitenmeister Sediwy und machte ihn zur Schnecke. Meinte Sediwy kopfschüttelnd: »Heut vormittag haben s' noch g'stimmt. Das muß der Föhn sein ...«

Marika Rökk, ein Wunder an Elastizität und unverwüstlicher Paprika-Vitalität, zählt zu den Wahlösterreichern und feierte immer wieder Triumphe am Wiener Raimund-Theater.

»Die Marika wird von Tag zu Tag jünger«, konstatierte einer ihrer Kollegen, »aber heute ist sie schon so jung wie übermorgen.«

Fritz Muliar, der sie einen »herrlichen Clown« nannte, war einmal in einer Fernsehaufzeichnung des ›Keuschen Lebemanns‹ gemeinsam mit Ernst Waldbrunn ihr Partner, wobei einer den andern an witzigen Einfällen zu überbieten suchte. Meinte Marika in komischer Verzweiflung zu Walter Davy, der Regie führte: »Meine gonzä Läbän wor ich der Komikär – aber zwischän diesä baidä Gangstär büße ich fir ollä Sündän mainäs Läbäns!«

In einem Wiener Vorstadtbeisel auf der Wieden, wo neben Fritz Muliar auch der Operettenkomponist Rudolf Kattnigg (›Balkanliebe‹) Stammgast war, pflegte ein Gemüsehändler des Bezirks namens Pecak seine verdrängten musischen Ambitionen auf dem wackeligen Klavier des Extrazimmers abzureagieren, wobei er übrigens eine musikantische Naturbegabung erwies, die Kattnigg bewunderte.

Sein Verhältnis zur Musik grenzte Pecak folgendermaßen ab: »Ja, sehen S', Herr Kattnigg, Klavierspiel'n können wir alle zwei, aber Krauthappeln aussuchen, des kann nur i!«

Franz Antel verfilmte auch den ›Obersteiger‹ von Karl Zeller mit Wolf Albach-Retty in der Titelrolle und Waltraut Haas als dessen Partnerin. Hans Lang adaptierte die Zellersche Musik und steuerte selbst eine Reihe charmanter Einfälle bei, so etwa ein beschwingtes Duett zwischen den beiden Hauptfiguren, das populär wurde. Nach der Premiere schrieb ein Kritiker: »Hans Lang hat allerlei überflüssige Zutaten komponiert, was Zeller durchaus nicht nötig hat. Das erweist sich spätestens bei dem reizenden Duett, das den unverkennbaren Zellerschen Schwung besitzt.«

Johannes Heesters, die vielgeliebte Charmkanone mit dem reizenden Akzent seiner holländischen Heimat, in Wien zärtlich »Juppi« genannt, spielte wieder einmal seine Leibrolle, den Danilo in der ›Lustigen Witwe‹. Die Vorstellung im Theater an der Wien war durch die Anwesenheit des österreichischen Bundespräsidenten Jonas ausgezeichnet. Nach seinem Auftrittslied trat Juppi plötzlich an die Rampe, machte vor Jonas eine Verbeugung und verkündete frei nach Maria Theresia: »Herr Bundespräsident, liebes Publikum! Beatrix, unsere Königin, hat 'nen Jungen gekriegt – ist das nicht schön!?«

Juppi freut sich diebisch, wenn er seinen Partnern einen kleinen Streich spielen kann. Bei der Neuinszenierung von Granichstaedtens ›Orlow‹ im Raimund-Theater, die über hundertmal über die Bretter ging, machte er als Maschinist seinem Partner Peter Gerhart, der den Autofabrikanten Walsh spielte, das Leben sauer. Wenn Gerhart in der Szene, da die beiden einander begegnen, mit den Worten: »Ah, da kommt ja mein Maschinist!« in die linke Kulisse deutete, trat Juppi prompt von rechts auf. Deutete er am andern Abend nach rechts, kam Juppi von links. Also legte sich Gerhart einen neutralen Text zurecht. Als am Abend wieder die bewußte Szene kam, rief er: »Ah, da wird ja jetzt gleich mein Maschinist auftauchen ...!«

Aber er hatte die Rechnung ohne seinen Maschinisten gemacht. Während er sich noch im Kreis umsah, aus welcher Ecke Heesters nun auftreten würde, kroch Juppi grinsend und augenzwinkernd – aus dem Souffleurkasten.

Besonderen Spaß machte es ihm, dem Autofabrikanten die Pointen wegzuschnappen und damit die Lacher auf seine Seite zu ziehen. Gerhart ließ sich nicht aus der Ruhe bringen und machte notgedrungen gute Miene zum bösen Spiel. Als alles vorüber war, raunte ihm Juppi zu: »Du hast dich wunderbar gehalten. Aber ich bin ja nur Maschinist, du Kapitalist!«

Auf seiner Welttournee 1968 absolvierte das Burgtheater auch ein Gastspiel in Luxemburg. Nach einer bejubelten Aufführung von Nestroys ›Jux‹ gab es einen Empfang beim Ministerpräsidenten Gregoire. Fred Liewehr, der den Zangler gespielt hatte, kam mit dem Hausherrn ins Gespräch und fragte: »Herr Ministerpräsident, spielt man bei Ihnen eigentlich auch Lehárs ›Graf von Luxemburg‹?«

»Ja, wissen Sie«, erwiderte Gregoire zögernd, »das schon ... aber erstens sind wir ein sparsames Vòlk, und zweitens lieben wir unsere Dynastie ... und dieser Lehár-Graf ist doch ein rechter Filou. Also läuft die Operette bei uns unter dem Titel ›Der Graf von Laxenburg‹.«

Rudolf Bibl, erfolgreicher Wiener Operettendirigent der jüngeren Generation, nebstbei Generalmusikdirektor in Trier, wurde 1968 eingeladen, im Opernhaus Bordeaux die Weihnachtspremiere der ›Fledermaus‹ zu leiten. Während der ersten Orchesterprobe merkte er, wie der erste Secondgeiger immer schläfriger wurde. Er klopfte ab: »Was ist los? Fehlt Ihnen etwas?«

»O non, Monsieur!« erwiderte der Geiger erwachend. »Aber wissen Sie, dieses ewige, einförmige m ta ...«

»Wieso?« staunte Bibl, »Sie haben doch nicht nur m ta, sondern manchmal auch m tata zu spielen!«

Um die Jahrhundertwende wurde der junge Robert Stolz eingeladen, in Marburg den ›Zigeunerbaron‹ zu dirigieren. Stolz kam nach Marburg, aber es gab kein Orchester. Der Direktor beruhigte ihn: Das Orchester wird schon kommen.

Indessen gingen die Bühnenproben mit Klavier weiter. Vom Orchester weiterhin keine Spur.

Knapp zwei Tage vor der Premiere erschien – eine Zigeunerkapelle, deren Musiker weder Johann Strauß noch den ›Zigeunerbaron‹ kannten, noch Noten lesen konnten.

»Hören Sie, junger Mann«, instruierte der Direktor den verblüfften Dirigenten, »Sie spielen den Musikern ihren Part auf dem Klavier vor, und die fiedeln das aus dem Gehör nach!«

Gesagt, getan. Es klappte phänomenal. Die Zigeuner erwiesen sich nicht nur als Vollblutmusikanten, sondern auch als wahre Gedächtnisakrobaten. Die Premiere wurde ein Bombenerfolg. Ohne Schmisse, aber mit enormem »Schmiß«.

»Es war der waschechteste ›Zigeunerbaron‹ meines Lebens!« bekennt Meister Stolz.

Schon 1905 war Robert Stolz von Karczag als Erster Kapellmeister ans Theater an der Wien verpflichtet worden. Er debütierte mit dem ›Zigeunerbaron‹, den er auswendig dirigierte, was damals noch ein Ereignis war. Das wußte auch die Presse gebührend zu würdigen, nur ein Kritiker schrieb: »Herr Stolz sollte doch lieber die Partitur benützen. Das würde zweifellos der Exaktheit der Aufführung zustatten kommen.«

Vierzehn Tage später dirigierte Stolz die ›Fledermaus‹, vor sich eine Riesen-Partitur, in der er fleißig umblätterte. In der Pause erschien der geschmeichelte Kritiker im Dirigentenzimmer, klatschte Stolz lässig Beifall und meinte: »Sehen Sie, lieber Stolz, ich habe Ihnen doch einen guten Rat gegeben, heute klappt alles viel besser!«

»Gewiß«, erwiderte Stolz lächelnd, »ich bin Ihnen sehr verbunden. Und wenn Sie ein paar Minuten Zeit haben, möchte ich Ihnen gerne etwas zeigen.«

Er führte den Kritiker zum Dirigentenpult und wies auf die Partitur: Es war – Millöckers ›Bettelstudent‹.

Bis 1924 trug Robert Stolz die Zierde des Mannes: einen breiten schwarzen Vollbart, der ebenso populär war wie seine Lieder. Als der kurze Glanz seiner Robert-Stolz-Bühne in der Wiener Annagasse (zusammen mit seiner dritten Ehe) in Scherben ging und der Meister vor seinen Schulden nach Berlin flüchtete, ließ er sich auch den Bart abnehmen.

Der Wiederaufstieg in Berlin setzte vehement ein. Nach der Premiere seiner neuen Operette ›Märchen im Schnee‹ im Berliner Palmenhaus standen die Leute kopf vor Begeisterung und bewarfen den bartlosen Komponisten mit Blumen. Nur ein Wiener Zuhörer saß auf den Händen, blickte enttäuscht auf die Bühne und wollte wissen, warum sich denn Robert Stolz nicht persönlich verneigen komme.

»Aber det is' er doch, Sie Dussel!« klärte ihn sein Nachbar auf und tippte auf die Stirne.

Aber da wurde der Wiener wild: »Was, das soll der Stolz sein?! Das können S' der Frau Waberl erzähln, net mir, denn i kenn' den Stolz nämlich. A so a Berliner Schwindel!«

Als Stolz fünfundvierzig Jahre später zur Feier seines neunzigsten Geburtstages wieder nach Berlin kam und mit einer Pferdedroschke gemütlich über den Ku-Damm fuhr, riß plötzlich ein alter Taxichauffeur seine Kappe vom Kopf und schrie begeistert über die Straße: »Mensch, oller Robert, dufte, det de wieda da bist!«

In der Robert-Stolz-Operette ›Der Tanz ins Glück‹ gibt es einen Hutmacher namens Mutzenbecher. Als das Stück im Jänner 1928 zum ersten Mal im Theater an der Wien in Szene ging, spielte Max Brod die Rolle des Hutmachers. Natürlich »versprachen« sich die Kollegen ständig und nannten ihn auf der Bühne nur Mutzenbacher. Als sich Brod nicht irritieren ließ, sondern geduldig korrigierte: »Becher, nicht Bacher, wenn ich bitten darf ...«, extemporierte sein Partner die Frage: »Und wie geht es Ihrer Tochter Josephine, Herr Mutzenbacher?«

Sanft erwiderte Brod: »Da müssen Sie schon Herrn Felix Salten fragen!«

1929 schrieb Robert Stolz in Berlin die Musik zum ersten europäischen Musikfilm ›Zwei Herzen im Dreivierteltakt‹ und notierte – wie das seit Johann Strauß (›Accelerationen‹-Walzer) als chic galt – den Titelschlager auf die Rückseite einer Speisekarte, und zwar bei Kempinski. Einige Tage später fiel während der Dreharbeiten im Filmatelier plötzlich der Strom aus. Der Regisseur Géza von Bolvary wurde ungeduldig und schlug vor: »Kindär, gehän wir in Gosthaus gegenübär und mochän dort weitär!« Und als der Regieassistent einwandte: »Aber dort haben wir kein Klavier!«, beruhigte ihn Bolvary: »Mocht nix, liebär Freind! Der Stolz kann nicht nur komponierän, sondärn auch Klavier spielän ohne Klavier!«

1944. Gala-Empfang im Weißen Haus bei Franklin D. Roosevelt … Rang und Namen hat in den USA, ist geladen, … seiner Gattin Yvonne, genannt »Ei…

»Oh, Mi… Hausherr die beiden. »Wir … t. Die diplomatischen Bez… Austria sind längst abgebroch… Ihrer Musik zum wahren B…

1946 bes… Gattin »Einzi« nach Österrei… die Visa Nr. 1 und Nr. 2. A… unde kopfschüttelnd fragten, … own country« in das hunger… Europa zurück wolle, erwide… n Wien die Minoritenkirche … e!«

Robe… gebürtige Grazer, begegne… plattenstudio, wo eben eine … war. Böhm hörte aufmerk… s? ›Auf der Heide blüh'n die letzten Ros… ? Und ich hab' geglaubt, das is' ein Volkslied! – Am En… hast du auch noch das ›Heidenröslein‹ komponiert …!«

Hauptprobe zur ›Hochzeit am Bodensee‹ bei den Bregenzer Festspielen 1969. Meister Robert Stolz überwacht die Probe persönlich. Drei Damen in Nebenrollen treten auf und bleiben unhörbar. Ruft Stolz: »Was ist los? Sind die Lautsprecheranlagen kaputt?«

Erklärt der Inspizient: »Nein, Herr Professor, die markieren nur!«

Erwidert Stolz: »Also so viel hab' ich für die Damen wirklich nicht komponiert, daß sie sich schonen müssen!«

Zu seinem neunzigsten Geburtstag empfing Robert Stolz nicht nur die Ehrenbürgerurkunde von Wien und von Philadelphia, sondern auch den goldenen Ehrenring der Autorengesellschaft GEMA. In einem unbewachten Augenblick fischte die Küchenfee des Hauses Stolz den Ring aus dem Etui und verschwand damit in die Küche. Als sie kurz darauf strahlend wiederkehrte, fragte sie die Hausfrau und Gattin des Meisters: »Juli, was haben S' denn mit dem Ring g'macht?«

»Abg'wogen hab' i'n. Ganze fünf Deka is' er schwer!«

»Aber Juli, das ist doch ein Ehrenring, da fragt man doch nicht nach dem Wert!« erklärte Frau »Einzi«.

»Schaun S', Frau Professor«, erwiderte die gute Juli, »Ehre hin, Ehre her, ka Mensch weiß, was kommt. Und fünf Deka Gold san fünf Deka Gold!«

Als ein junger, langmähniger Reporter etwas über das Verhältnis des Meisters zu den Frauen und zur Liebe wissen wollte, raunte ihm der neunzigjährige verschmitzt zu: »Die Franzosen sagen: Hinter jedem großen Mann steht eine kleine Frau ... Im übrigen kann ich Ihnen versichern: Auch zu meiner Zeit war die Liebe schon mit Sex verbunden ...«

Zu den rauschenden Festlichkeiten, die man in Berlin für den jugendlichen Neunziger Robert Stolz veranstaltete, fand sich auch der Regierende Bürgermeister der Stadt, Schütz, ein, um dem Altmeister seine Reverenz zu erweisen. Stolz dankte für die Ehre, schüttelte dem Bürgermeister beide Hände und meinte lächelnd: »Und wenn Sie, Herr Bürgermeister, Ihren Neunziger feiern, werde ich mich revanchieren und in Berlin für Sie ein Festkonzert dirigieren!«

Als ihn einer der Festgäste nach forscher Gratulation fragte: »Na, hoffentlich, Meister, werden Sie mich auch zu Ihrem hundertsten Geburtstag einladen?«, erwiderte Stolz schmunzelnd: »Aber gerne, junger Mann, wenn Sie bis dahin noch leben ...!«

Worauf ein anwesender Schlagersänger mit einem Seitenblick auf die strahlende Gattin am Arm des Meisters trocken feststellte: »Robert Stolz ist einzi-artig!«